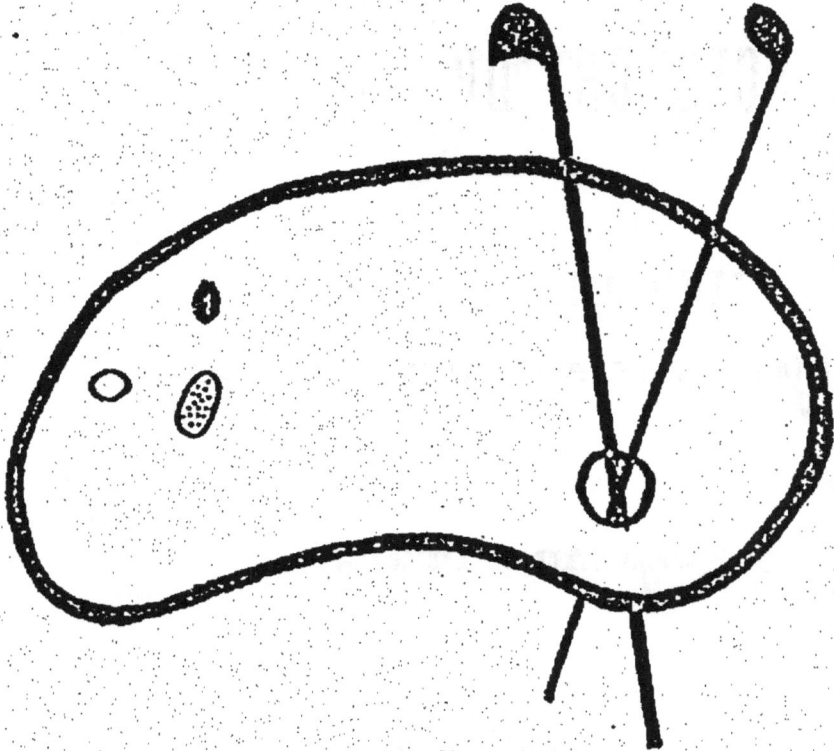

COUVERTURE SUPERIEURE ET INFERIEURE
EN COULEUR

HIERRI TIEDEMANN

ET

LA SCIENCE DE L'ENFANT

—————

MES DEUX CHATS

FRAGMENT DE PSYCHOLOGIE COMPARÉE

PAR

BERNARD PEREZ

❧❀❧

PARIS
LIBRAIRIE GERMER BAILLIÈRE ET Cie
108, Boulevard Saint-Germain, 108
AU COIN DE LA RUE HAUTEFEUILLE
1881

LIBRAIRIE GERMER-BAILLIÈRE ET Cⁱᵉ

OUVRAGES DU MÊME AUTEUR

Les Trois premières années de l'Enfant (*épuisé*). In-12, 300 pages. . . . . 3 fr. 50

L'Éducation dès le berceau. In-8°, 300 pages. . . . 5 fr.

EN PRÉPARATION :

L'Instruction dès le berceau.

A LA MÊME LIBRAIRIE

A. BOUCHARDAT. **Traité d'Hygiène** publique et privée, basée sur l'étiologie, 1 fort vol. gr. in-8°. . . . . 18 fr.

TH. RIBOT. **Philosophie de Schopenhauer,** 1 vol. in-18. . . . . 2 fr. 50

LÉOPARDI. **Opuscules et pensées,** 1 vol. in-18. . . 2 fr. 50

AUG. LAUGEL. **La France politique et sociale,** 1 vol. in-8. . . . . 5 fr.

AUG. LAUGEL. **Lord Palmerston et Lord Russel,** 1 vol. in-18. . . . . 3 fr. 50

GLADSTONE. **Questions constitutionnelles** (1873-1878), 1 vol. in-8. . . . . 5 fr.

DE FONBLANQUE. **Le gouvernement Anglais,** ses organes, son fonctionnement, traduit de l'anglais sur la 14ᵉ édition, 1 vol. in-8. . . . . 5 fr.

L. BENLOEW. **Les lois de l'Histoire,** 1 vol. in-8. . . . 5 fr.

E. DESCHANEL. **Le Peuple et la Bourgeoisie,** 1 vol. in-8. 5 fr.

GAFFAREL. **Les colonies Françaises,** 1 vol. in-8 . . . 5 fr.

Imp. DERENNE, Mayenne. — Paris, boulevard Saint-Michel, 52.

THIERRI TIEDEMANN

ET

LA SCIENCE DE L'ENFANT

———

MES DEUX CHATS

FRAGMENT DE PSYCHOLOGIE COMPARÉE

OUVRAGES DU MÊME AUTEUR

A LA MÊME LIBRAIRIE :

Les trois premières années de l'enfant
(*épuisé*). In-12, 300 pages. . . . . 3 fr. 50

L'éducation dès le berceau. In-8°, 300 p.   5 fr.

EN PRÉPARATION :

L'instruction dès le berceau.

THIERRI TIEDEMANN

ET

LA SCIENCE DE L'ENFANT

MES DEUX CHATS

FRAGMENT DE PSYCHOLOGIE COMPARÉE

PAR

BERNARD PEREZ

PARIS

LIBRAIRIE GERMER BAILLIÈRE ET Cⁱᵉ

108, Boulevard Saint-Germain, 108

AU COIN DE LA RUE HAUTEFEUILLE

1881

Je crois que ce petit livre, — analyse d'une monographie d'enfant, monographie de deux jeunes animaux, — est fait pour réchauffer le zèle, sinon pour bien grossir le recueil des observateurs psychologues. En tout cas, il aura son utilité.

J'ai peut-être contribué plus qu'aucun autre, par mes citations et par mes éloges, à rendre célèbre le nom du fondateur de la psychologie enfantine; mais son mémoire n'est pas assez connu (1), même en Allemagne. On me saura gré d'en avoir extrait ce qui me paraissait le plus substantiel, élaguant le banal et le superflu, et surtout suivant l'ordre chronologique des mois, plus facile à saisir que celui de l'auteur, qui est au jour le jour. On me saura gré surtout d'avoir donné un bon exemple, en rapprochant des faits relatés par Tiedemann les observations analogues ou contradictoires de

1. Publié en 1863, par M. Michelan, dans le *Journal général de l'Instr. publ.*

Rousseau, de Darwin, de Taine, d'Egger, de Pollock, etc....

Dans le journal de *Mes deux chats*, dont mon premier livre contient un extrait, je ne sais si la valeur des faits notés en égalera la quantité. Je puis me flatter au moins d'avoir oublié, pour les observer, tout ce que j'avais pu lire de psychologie animale; par ainsi, mon étude compensera peut-être par ses qualités suggestives ce qu'elle aura perdu en agrément littéraire. Je n'ai pas cherché à être intéressant : aurai-je réussi à être instructif? C'est à mes indulgents lecteurs de répondre.

Juillet 1881.

THIERRI TIEDEMANN

ET

LA SCIENCE DE L'ENFANT

Premier mois. — Dès les premiers jours, Tiedemann a observé plusieurs mouvements et plusieurs actes qu'il attribue à l'instinct, aux prédispositions du mécanisme. Le lendemain de sa naissance, l'enfant suça le doigt de sa nourrice, seulement en aspirant, et, quand on lui mit dans la bouche quelque chose de doux enveloppé dans un chiffon, il suça avec continuité. Les yeux se mouvaient déjà dans toutes les directions, et se portaient de préférence sur les choses agitées, ce qui se produit plus rarement que ne croit Tiedemann chez le nouveau-né dans les premiers jours, et ce qu'on peut observer aussi chez certains animaux nouveau-nés, quoiqu'ils soient aveugles. Les mouvements du corps pour échapper à la pression de l'emmaillotement, pour échapper à la douleur en général, pour l'adoucir par la distraction, pour combattre l'irritation particulière résultant de l'accumulation du sang en certains endroits : tous ces mouvements utiles, mais peu sûrs, sont rapportés par le philosophe, comme ils le seraient par nous, aux impulsions irrésistibles, mais comme intentionnelles du mécanisme. Mais Tiedemann se demande avec raison s'il ne s'y mêlerait pas déjà une intention personnelle et une connaissance acquise. Ma réponse serait, comme la sienne, affirmative, quelque large qu'on fasse de nos jours la part du réflexe et de l'inconscient dans les phénomènes mentaux de l'adulte, et surtout de l'enfant (1).

Il me répugne de ne voir dans celui-ci qu'une machine. Cela posé, il ne m'en coûtera pas d'admettre chez le nourrisson, dès les premiers jours, « un commencement d'instruction. » Je fais cepen-

1. Rousseau, qui a nettement formulé le principe sur lequel doit reposer la psychologie première, en conseillant de ne pas chercher l'homme dans l'enfant, mais de penser à ce qu'il est avant d'être homme, a dit que l'enfant, quand il vient de naître, enchaîné dans des organes imparfaits et demi-formés, est un être purement sensible, n'ayant pas même le sentiment de sa propre existence, et dont les cris et les mouvements sont des effets absolument *mécaniques, dépourvus de connaissance et de volonté.*

Ch. Darwin est celui des naturalistes et des psychologues qui a le plus apporté de faits précis concernant la réflexité chez le petit enfant. Parmi les actions réflexes observées dès les premiers jours, il a noté celle d'éternuer, d'avoir le hoquet, de bâiller, de s'étirer, et naturellement de teter et de crier; et à la même époque le désir de teter occasionné par le contact d'une main douce et chaude. Il range aussi parmi les faits réflexes, tout à fait indépendants de l'expérience, un clignement d'yeux produit à l'audition d'un certain bruit, pendant la première quinzaine (*De l'expression*, etc.).

dant toutes mes réserves sur les circonstances qui
paraissent démontrer le fait à Tiedemann ; ainsi, dit-il,
l'enfant ayant eu à souffrir de la faim, « pour l'adoucir, il cherchait à mettre dans sa bouche, mais sans
y réussir toujours, ses doigts ou ceux des étrangers,
quand il lui arrivait de les saisir... L'enfant savait
que, quelque chose étant mis dans sa bouche, la
faim se calme... Il savait aussi discerner le point où
la faim et la soif se faisaient sentir, quelque inexpéri-
menté qu'il fût dans les mouvements des bras et des
mains qu'il exécutait pour trouver la place propre. »
Assurément, ni par le fait de la finalité instinctive,
ni par l'effet de l'expérience personnelle, l'enfant ne
paraît apte, dans les premiers temps, à localiser
exactement le plaisir ou la douleur, pas plus qu'à
distinguer les différentes parties de son corps.

Des mouvements que font les doigts pour se re-
fermer sur l'objet mis en contact avec la paume de
la main, Tiedemann a donné une explication très
suffisante : rien d'intentionnel dans cet acte machinalement exécuté, « par lequel les doigts de l'enfant
se resserrent comme les feuilles et les fleurs chez
quelques plantes sensitives, quand elles subissent le
contact intérieur d'un corps étranger ». Pendant les
premiers jours, Tiedemann remarqua aussi « certains
efforts pour retirer les pieds, quand on en touchait
doucement la plante », mouvements qu'il notait sans
les expliquer, mais qu'il attribuait vraisemblablement
au mécanisme instinctif.

1.

. A cette époque, « nulle apparence de rire ; point de discernement manifeste des sensations sapides, ni surtout des sensations olfactives. L'explication que Tiedemann donne de ce fait, peut-être inexact, est elle-même quelque peu risquée. C'est, dit-il, que « nos sensations simples, quoique les plus faciles à discerner, pour être distinguées et précisées, réclament l'exercice et la comparaison. » J'accorderai seulement qu'elles réclament l'exercice qui fortifie, avec la nutrition, les organes, et les adapte de plus en plus à leurs fonctions. Mais est-il à supposer que pour distinguer l'amer du doux, l'enfant soit tenu de faire un certain nombre d'expériences et de comparaisons ?

Tiedemann, ici en désaccord avec les observateurs qui l'ont suivi, et en particulier avec Darwin, note, dès le cinquième jour, le rire, qu'il attribue du reste, non à un motif apparent de plaisir, mais à un simple effet du mécanisme, comme il attribue aussi à la seule irritabilité de l'organisme les sons et les mouvements produits dans le sommeil à cette époque, n'admettant pas que l'enfant rêve dès les premiers jours. Cette dernière hypothèse n'a été encore vérifiée par personne, et elle vaut la peine de l'être. Notre philosophe, et c'est là une preuve de sincérité, se montre aussi facile sur certains points que difficile sur d'autres, à hâter les progrès de l'intelligence et de la sensibilité enfantines.

Le **5 septembre**, ainsi treize jours après sa naisnance, l'enfant montrait quelques traces d'idées acquises dans des sentiments et des sensations plus nettes de l'âme. Il rejeta quelques médecines après les avoir goûtées à plusieurs reprises ; il les distinguait de ses aliments par l'odeur, ou par la manière dont on les lui offrait : les progrès de la comparaison auraient été bien rapides ! Dans les yeux et la mine on remarquait déjà des expressions de douleur ou de plaisir ; on s'aperçut de l'attention soutenue qu'il portait aux gestes de ceux qui lui parlaient (exagération évidente); leurs paroles agissaient sur ses pleurs; il pleurait maintenant, quand il était importuné de se voir palper. Ce qui prouve, dit Tiedemann, « la présence d'idées déjà assemblées, le discernement de créatures semblables à lui d'avec tout autre objet et une distinction plus exacte des sensations. » Toutes ces observations sont inexactes ou mal interprétées ; c'est qu'il n'est pas facile d'expliquer la nature des phénomènes mentaux chez l'enfant ou chez l'animal, d'en indiquer le point de départ, mécanique ou conscient, la filiation et le développement véritable ! J'élève un petit chat en ce moment âgé de huit jours, qui présente à mon observation des faits analogues à ceux que Tiedemann a décrits plus haut, et qu'il serait contraire à toute méthode scientifique de rapporter à la sensation pure, au mécanisme, à l'instinct, à la réflexité héréditaire. Depuis plus de trois jours, il paraît content quand on lui passe le doigt sur la tête et le cou, il crie d'un air terrifié ou désolé quand

on le saisit à pleine main ; il agite déjà, malgré ses
yeux fermés, ses pattes qu'il mordille, et il les lance
en avant, pour toucher sa mère, avec toute l'apparence d'un essai de jeu ; aujourd'hui mes caresses ont
provoqué chez lui un ron-ron doux comme un bour-
donnement d'abeille. Si tout cela est inconscient, quand
donc faut-il croire aux signes révélateurs de la conscience? Mais y voir une pleine conscience, c'est trop.

Dix-huit jours après la naissance de Frédéric
Tiedemann, les remarques faites sur les progrès déjà
énumérés parurent confirmées avec quelques circonstances nouvelles : l'enfant mis dans la position de
teter, ou s'il sentait une main douce sur le visage,
cessait de pleurer et cherchait les seins. Tiedemann
voit là avec raison des associations d'idées, et déjà
quelque peu déterminées. Mais s'il distinguait diverses impressions des sens, ses idées relativement à
son corps et aux distances « étaient défectueuses, ou
même nulles : quand on lui laissait les mains libres,
il se frappait et se grattait jusqu'à se faire mal. »
Les idées dont parle ici Tiedemann étaient, non pas
défectueuses, mais nulles.

Second mois. — A un mois et trois jours, grâce à
l'expérience douloureuse, et sans doute à un accroissement des forces, « l'enfant ne se frappait et ne s'é-
gratignait plus le visage aussi souvent ». « Le sommeil diminuait », ce qui s'explique très bien par un
redoublement de l'activité psychique, mais ce qui,
chez un enfant de cet âge, peut tenir à de tout autres

causes, par exemple, à une nourriture insuffisante.
A cette même époque, l'enfant sourit (1) aux mines
et aux gestes, soit qu'il prît plaisir à la variété de ces
mouvements, soit que la sympathie y eût quelque
part, ce qui paraît confirmé à Tiedemann par ce fait
que « quand on parlait à l'enfant, il cherchait également à produire des sons, simples à la vérité et sans
articulation, mais cependant variés » (2). A un mois

1. Darwin n'a enregistré le sourire, selon lui, premier degré du
rire, ou vestige d'une habitude longuement invétérée de témoigner
la joie par le rire, qu'à quarante-cinq et à quarante-six jours. Ses
enfants souriaient surtout en regardant leur mère qui souriait, ce
qui lui faisait supposer « qu'ils y étaient excités par quelque cause
intellectuelle. » Je suis porté à croire, en effet, que ce n'était pas là
un acte purement machinal, une simple action réflexe sensitivo-
motrice. Le rire, dans ce qu'il a de plus général, me paraît chez
plusieurs mammifères la caractéristique de la joie : impossible de
méconnaître la physionomie riante du chien ou du chat qui joue.
Mais, comme ceux des pleurs, ou ceux de la marche, les mouvements héréditairement transmis, qui aboutissent au rire, ont besoin
d'un exercice gradué, et bientôt contrôlé par la conscience, pour
atteindre un développement normal.

D'après M. Egger, le rire n'est pas un fait d'instinct ; on ne le
trouve pas chez les animaux ; et, quand il apparaît chez l'enfant,
c'est que les *sensations* de l'âme commencent à se mêler aux sensations corporelles : ce n'est qu'au bout de quarante jours que le
rire et les pleurs manifestent l'éclosion des facultés jusqu'ici
virtuelles de l'âme. Ainsi donc, où Darwin voit surtout le résultat
d'un développement des organes, M. Egger voit l'effet d'une puis-
sance apparue dans l'âme à son moment. Qu'on choisisse entre ces
deux explications, ou qu'on les réunisse en une seule.

2. Darwin a noté vers la sixième semaine, ce petit murmure fort
doux, qui exprime la joie, et comme un semblant de reconnais-
sance, et qui, même avant les mouvements intentionnels de ses
petits bras, est pour l'enfant un moyen d'entretenir conversation
avec les siens. « A l'âge de quarante-six jours, il commença à faire
de petits bruits dénués de sens comme pour s'amuser, et il sut

et cinq jours, Tiedemann crut saisir avec certitude quelques sensations nettement distinguées : « une médecine fut prise avec une répugnance visible ; l'enfant distinguait également de lui-même les choses hors de lui, en montrant le premier effort pour saisir quelque chose par l'extension des mains et la flexion du corps entier. » Les mêmes mouvements, plus ou moins conscients, se remarquent chez les

bientôt les varier ». Le naturaliste anglais a très justement remarqué aussi qu'au bout de quelque temps la nature des cris change « selon qu'ils sont produits par la faim ou la souffrance. » Il a précisé le moment de cette transformation : onze semaines pour un enfant, un peu plus tôt pour un autre. Ce moyen de communication paraît bientôt mis au service de la volonté. Vers cette époque, l'enfant « sembla apprendre à pleurer quand il le voulait, ou à contracter ses traits selon l'occasion, de manière à faire voir qu'il désirait quelque chose. » Y a-t-il passage du cri à la voix, ou seulement apparition de celle-ci à son moment physiologique et psychologique ?

« A cinq semaines, écrit M. Egger, je note la transition du cri à la voix. Le cri est le premier son que l'organe humain fasse entendre : il sort du fond du larynx dès le premier instant de la vie à l'air libre. Pendant plusieurs semaines, il est le seul que l'enfant fasse entendre, et cela quand il souffre. Puis, vers cinq semaines, je vois la bouche et la langue s'agiter, même et surtout dans la joie, pour produire des sons que nos lettres ne peuvent exprimer, mais qui certainement sont moins gutturaux que les premiers. Cette seconde espèce de sons, en se perfectionnant, produira de véritables articulations. » M. Egger émet, à propos de la voix enfantine, une observation dont la justesse ne m'est pas prouvée : « La voix des enfants, dit-il, dans le premier âge, n'est pas caractérisée par un timbre individuel. La voix se caractérise en même temps qu'elle s'articule, en même temps qu'on y distingue des voyelles et des consonnes. » D'autres observations paraissent donner le droit de conclure que le cri des enfants, comme plus tard la voix, offre dans chacun des modifications particulières, que les mères et les nourrices savent bien distinguer.

chiens et les chats, avant la fin de la première semaine ; mais le jeune Tiedemann, en qualité d'enfant, me paraît à cet égard beaucoup trop précoce.

La tendance à se faire des idées par les sensations
se montrait alors visiblement. « Antérieurement aucun
objet n'était longuement suivi ; chacun, à la vue d'un
nouveau, était bien vite laissé : actuellement le regard
les accompagnait longuement, et l'on voyait dans les
yeux un effort intérieur pour en saisir l'image. »
Ce seraient là les premières manifestations de la
curiosité, notée beaucoup plus tard par Darwin et
par Taine.

A un mois et vingt-sept jours, l'enfant paraît distinguer mieux son corps de tout autre, car il ne s'é-
gratigne plus ; sa curiosité s'est développée, car il
ne suit plus des yeux que des objets nouveaux (exa-
géré) ; il connaît l'expression des sentiments, car il
considère avec plus d'attention les gestes des personnes qui lui parlent, et il se laisse calmer par des
paroles douces. Son activité lui est connue : ses gestes
de plaisir l'indiquent, comme ses accès de colère et
sa violence à repousser les objets désagréables :
« Lorsque quelque chose lui était désagréable, l'enfant jusque-là ne l'avait témoigné que par ses pleurs
et sa résistance. » Notons ici, contrairement à l'opi-
nion de Tiedemann, que l'enfant, à l'époque dont
il est question, ne verse pas encore de larmes :
pleurer, pour lui, c'est crier. Notons aussi, dans ses
réflexions philosophiques sur l'intention impérative

des pleurs de l'enfant, une reproduction des idées exprimées par Rousseau sur ce fait.

Troisième mois. — Il faut constater ici, dans le journal de Tiedemann, l'absence de dates, sinon d'observations bien précises : ce sont, d'ailleurs, celles-ci qui importent le plus. Les sensations, de plus en plus distinctes et vives, « renforcent le sentiment : on saisit pour la première fois un accès de joie ; le sourire avait été auparavant le signe du contentement ; maintenant un rire prononcé le remplace. » « Le sentiment (est-ce sentiment qu'il aurait fallu dire) ? du chatouillement se montra aussi, mais seulement sur le ventre, et pas encore sous la plante des pieds. » Tiedemann attribue ces progrès au développement et à la comparaison des idées qui rendent plus distinctes certaines impressions agréables. Il convient de mettre en regard de cette explication l'observation faite par Darwin sur son enfant âgé de sept jours, qui retira vivement son pied, quand son père lui en toucha la plante avec un morceau de papier. A deux mois et dix-sept jours, les dents commencèrent à pousser (1), et provoquèrent, selon Tiedemann, des idées et des capacités nouvelles : les mains jusqu'alors étaient beaucoup moins occupées que les yeux ; mais les douleurs de la bouche excitè-

1. La *première dentition* ne commence en général que de sept à huit mois après la naissance; quelquefois elle commence vers le cinquième mois. L'observation de Tiedemann est peut-être ici en défaut.

rent l'enfant à y porter sans cesse les doigts et les objets saisis par ses mains ; l'enfant apprenait ainsi à tenir ferme, quoique avec la plus grande incertitude. Du reste, l'enfant ne saisissait pas encore les choses à distance; il en était encore à ces mouvements instinctifs du désir qui se traduit par « l'inclination du corps tout entier et l'extension machinale du bras », fait déjà noté par Tiedemann, mais à une époque trop hâtive.

Quatrième mois. — A trois mois et deux jours, « l'enfant ayant saisi des objets placés à sa portée, il commença à s'en amuser.... Aussitôt que les enfants « s'aperçoivent que les mains sont les instruments de nouvelles idées, surtout le moyen de produire des mouvements qui les occupent si agréablement, de rapprocher les objets des organes de la vue et du goût, ils les exercent davantage et commencent à jouer avec ce qu'on leur présente. » Il faut remarquer aussi que ce progrès du sens à demi esthétique des jeux coïncide avec un accroissement de force et d'adresse dans les organes qui en sont les premiers instruments. A cette époque Tiedemann « remarquait des exemples plus nombreux, plus nets d'association (1). Assis sur le giron, l'enfant se tournait du

1. Darwin, qui a cependant cru constater le raisonnement pratique dans son fils à l'âge de cent-dix jours, lorsqu'il faisait glisser la main le long du doigt de son père pour l'introduire dans sa bouche, ne marque qu'à l'âge de cinq mois la manifestation certaine des associations d'idées dans l'esprit de l'enfant. Par exemple « dès qu'on lui mettait son chapeau et son manteau, il devenait de fort

côté des seins, même quand ils étaient couverts ; s'il
voyait quelqu'un boire, il faisait avec la bouche un
mouvement, comme s'il goûtait quelque chose. » Dans
ce dernier acte, outre l'idée de finalité, qui fait con-
cevoir à l'enfant l'usage de la bouche, ne faut-il pas
reconnaître un effet de cette sympathie naturelle des
mouvements, qui, chez des êtres doués de la même
organisation, donne si aisément naissance à l'imitation, provoque le semblable par la vue du semblable ? Tiedemann note, à la même époque, la première
trace vraisemblable des rêves ; l'enfant endormi
« faisait avec sa bouche le mouvement de teter » (1).

mauvaise humeur, si on ne le sortait pas sur-le-champ. » A cinq
mois, il cherchait des yeux sa nourrice, en entendant prononcer
son nom. Cette date tardive est beaucoup plus rapprochée de la
vérité que celle de dix mois indiquée par M. Taine pour la manifestation de la même faculté chez sa fille. Mais M. Taine a raison de
soutenir que les associations d'idées qui se produisent dans l'esprit
d'un enfant âgé de dix mois ne dépassent guère la portée d'une
intelligence animale, tandis que Darwin voit une différence marquée
dans l'aptitude du petit enfant et celle de l'animal adulte le plus
intelligent à former des associations dues à l'instruction et des
associations spontanément produites. Le chien qui accourt du fond
du jardin en entendant le mot *sucre*, montre-t-il une faculté d'association inférieure à celle de l'enfant âgé de six ou sept mois qui fait
aller sa tête de gauche à droite, quand on lui dit : « *Remue la tête ?* »
1. M. Egger signale bien plus tard encore la réalité du rêve
enfantin. Ce n'est que vers trois ans qu'il la place avec certitude.
« Émile, à trois ans et demi, nous raconte de prétendus songes ; je
n'ose pas me fier à son récit, parce qu'on a souvent raconté devant
lui des songes, et que ses récits peuvent être un souvenir et une
imitation. Mais je ne puis douter que le rêve ne soit bien réel quand
j'en suis moi-même témoin, ce qui arrive de temps en temps. Tout
en dormant, il croit voir un chat près de lui, il l'appelle ou il veut
l'éloigner. Une autre fois, je l'entends s'éveiller, et dire avec un

Sur ce dernier point, l'enfant de Tiedemann, toujours si précoce, me semblerait en retard sur la
moyenne des enfants, qui, avant cette époque, par
les mouvements, leurs cris, leurs sons de voix, les
contractions du front ou de la bouche, aussi bien que
par les mouvements de succion, paraissent témoigner
qu'ils rêvent.

Je ne sais s'il faut admettre aussi l'interprétation
donnée par le philosophe du fait suivant : « Le redoublement du mal de dents augmentant son désir
pour toutes sortes d'objets saisis avec la bouche afin
d'y mordre, et l'enfant sachant déjà que les objets
éloignés peuvent être rapprochés, mais pas encore
nettement que les mains servent à cet usage, il
cherchait à prendre avec la bouche les objets éloignés, au lieu de les y porter avec les mains. » Il y
a sans doute dans ce cas, chez l'enfant qui sait déjà
rapprocher de lui les objets, même et surtout pour
les porter à sa bouche, l'influence prédominante
d'une idée et d'un besoin actuellement très vif, celui
de calmer sans délai son mal de dents, et il va au
remède par le chemin qui lui paraît le plus court.
D'ailleurs, même sans y être excité par le mal de

accent de tristesse : « J'ai ôté une pierre qui me faisait mal....., je
je ne mourrai pas, maman, n'est-ce pas ?» La réserve qui a présidé
à ces observations a autant de prix que ces observations même.
Mais M. Egger ne la pousse-t-il pas un peu loin, en se demandant
à quel âge se produit le rêve? Malgré l'obscurité qui entoure encore
ces phénomènes si manifestes de la vie animale, l'analogie donne
le droit de supposer que l'enfant rêve dès qu'il a des idées
distinctes, c'est-à-dire à peu près à l'époque de sa naissance.

dents, l'enfant, qui, à cet âge, et comme l'a très
bien dit Rousseau, ne vit guère que pour la bouche,
cherche à saisir avec cet organe tous les objets qui
s'en approchent, par habitude de tout expérimenter
avec le goût. J'ai suivi un jour, pendant près d'un
quart d'heure, une mère tenant sur ses bras une
petite fille de six ou sept mois, qui, tournée de mon
côté, et sans aucunement faire attention à moi,
s'occupait sans cesse à saisir avec la bouche un pan
flottant du voile de sa mère.

Cinquième mois. — Je constate ici une importante lacune, en même temps que la sincérité de
l'observateur, dont la sagacité me paraît en défaut.
« Jusqu'au 30 décembre, dit-il, on ne s'aperçut de
rien de remarquable... » Est-ce à dire qu'il n'y aurait
eu rien à remarquer? Le contraire est certain. Mais
passons. « Alors on vit qu'il voulait se servir des
mains pour se retenir. Quand, après l'avoir tenu sur
le bras, on l'abaissait avec rapidité, d'une hauteur
inaccoutumée, il s'efforçait de se tenir ferme avec
les mains pour ne pas tomber, et il lui était désagréable d'être levé très haut. Il ne pouvait avoir
aucune idée de chute : ainsi la crainte n'était pas
autre chose qu'une simple impression machinale du
genre de celle que l'on ressent sur une hauteur sin-
gulièrement escarpée, à peu près analogue au ver-
tige. » Voilà un genre d'émotion on ne peut mieux
décrit : mais l'auteur, de nombreuses expériences
me permettent de l'affirmer, s'est trompé quant à

l'époque et à la provenance. J'ai remarqué les mêmes signes de frayeur et d'horreur du vide, chez des chiens et des chats à peine âgés de quinze jours, et même chez des chats encore aveugles, quand je les élevais en l'air : il doit y avoir là quelque influence héréditaire et inconsciente des émotions et des répulsions les plus familières à un être dont la destination est de se tenir à terre et de ne pas se suspendre dans les airs. J'ai déjà écrit que vers l'âge de deux ou trois ans (l'âge m'est fixé par la date du séjour de ma famille dans la maison où j'habitais alors), une personne, ma bonne sans doute, me tint suspendu dans ses bras, au rebord de la fenêtre, en faisant mine de vouloir me jeter en bas, et que j'en ai conservé un souvenir terrifiant.

« L'enfant se détournait des personnes habillées de noir avec des marques visibles de répugnance : ainsi le noir, couleur de l'obscurité, doit avoir par sa nature quelque chose de désagréable, ce qui explique pourquoi presque partout on l'emploie pour les vêtements dans les événements douloureux. — L'enfant avait appris à se servir de ses mains pour prendre et porter ; il saisissait tout, mais il lui manquait encore un exercice suffisant. — Le chant attirait toujours son attention et il l'accompagnait, en signe de joie, de sauts et de mouvements de bras; mais le sifflement avec la bouche lui était indifférent (ce qui m'étonne) : ainsi c'était encore le son seul (et le rythme) qui produisait l'impression. Les sensations du goût étaient aussi passablement distinctes ; il repoussa de toutes ses forces une médecine amère, mais il prenait avec plaisir le vin et les autres choses mangeables. » Enfin l'absence d'activité produisait l'ennui ; mais le moindre changement lui faisait oublier même des douleurs de dents ; il produisait toutes sortes de sons sans y être provoqué, et ne cherchait pas à imiter (1) ceux que l'on proférait

1. Darwin a cru remarquer, vers le quatrième mois, que l'enfant commençait à essayer d'imiter les sons, et c'est à l'âge de cinq mois et demi, qu'il l'entendit articuler le son « *da* », mais sans y attacher de sens.

Plaidant la cause de la spontanéité inventive ou *réinventive* qui précède, selon lui, le travail d'assimilation, M. Taine déclare que ce *ramage* inconscient est d'une flexibilité étonnante ; que toutes les nuances d'émotion, étonnement, gaité, contrariété, tristesse, s'y traduisent par des variétés de ton ; et qu'en cela l'enfant égale ou même surpasse une personne adulte. » Quel est l'heureux observateur qui parviendra à noter cette mystérieuse phonétique du langage enfantin, non moins difficile à saisir que le chant du rossignol, dont on est pourtant venu à bout ? Des expériences phonographiques interprétées par des musiciens, des philologues, des naturalistes et des psychologues, fourniront à cet égard de curieux renseignements.

M. Egger marque à une époque bien tardive, au milieu du sixième mois, un fait évident d'imitation, en même temps que le souvenir qu'elle suppose. M. Egger fait, lui aussi, une large part à l'initiative personnelle dans les premiers développements du langage. Il signale, à l'âge de six mois, des jeux de voix involontaires qui varient à l'infini, des ébauches de sons et d'articulations. Il voit là un langage instinctif, naturel, commun à tous les temps, à tous les peuples, qui se restreint peu à peu par les progrès d'un autre langage, inventé par chaque enfant et susceptible d'une foule de variétés individuelles. M. Egger, pas plus que M. Taine, n'a essayé de noter les formes de ce langage individuel. Leurs remarques ont un caractère trop vague et trop général, pour que je prenne parti pour ou contre leur interprétation hypothétique.

devant lui, soit qu'il n'eût pas une idée claire de la différence des sons, soit que ses organes ne pussent pas encore se mouvoir à sa volonté. Tiedemann a le premier émis sur la nature des essais enfantins du langage des idées que nous avons vues reproduites ou confirmées par Taine, Darwin, Egger, Pollock, etc.

A quatre mois et dix jours, « on remarqua que l'enfant tournait toujours exactement la vue vers la région d'où partait un bruit déjà entendu... »

J'ai noté le fait bien plus tôt. L'activité croissait visiblement ; les bras et les jambes, à l'état de veille, étaient dans une agitation continuelle ; à l'aspect des seins, l'enfant montrait une joie visible, ce qui me paraît aussi un progrès tardif.

Sixième mois. — Tiedemann signale un désir croissant de s'instruire et d'accroître ses distractions, manifesté par la joie que l'enfant éprouve à l'idée de sortir au grand air, de voir prendre le manteau à sa bonne, que du reste, sauf quand il a faim, il paraît préférer à sa mère. Il tient aussi davantage à ses jouets, depuis qu'il sait leur demander beaucoup plus de distractions, et il ne se laisse plus enlever sans pleurer les objets qu'on lui a donnés. A cinq mois et demi, l'exclamation *ah!* (Tiedemann ne nous dit pas s'il la croit imitée ou spontanée) exprime pour la première fois son étonnement et son plaisir. « Il commença aussi à faire usage de ses jambes pour marcher, et chaque fois qu'on le mettait sur ses pieds, il se montrait joyeux. » Il distinguait les personnes, sans en avoir une idée bien nette, ne connaissait pas au vêtement la différence des sexes, cherchait le sein aux hommes. Mais « il distinguait bien la différence de ton suivant les différentes dispositions de l'âme. » Je suppose qu'il en était ainsi depuis longtemps, cette distinction dépendant de la connaissance instinctive qu'a l'enfant de la langue universelle et en quelque sorte organique de l'humanité.

Septième mois. — Les observations recueillies pendant ce mois se réduisent aux suivantes : l'enfant commença le 14 mars à articuler et à répéter des sons. Sa mère lui prononça la syllabe *ma* ; il regarda attentivement sa bouche et essaya de répéter cette syllabe. On remarqua aussi que, lorsqu'il entendait un mot facile à prononcer, il remuait les lèvres pour le répéter tout bas.

Huitième mois. — Tiedemann remarque, un peu tard, « des signes visibles d'affection pour certaines personnes qu'il connaissait » ; et il ajoute : « Il pleura en voyant frapper en apparence sa mère et sa bonne. » N'aurait-il pas pleuré en voyant d'autres personnes faire semblant de se battre ? Je crois que ces pleurs peuvent s'expliquer par la simple sympathie de nature. Tiedemann note aussi l'association entre le signe et la chose se produire : il l'appelle, je ne sais pourquoi, la plus difficile des associations, et à laquelle l'animal ne peut atteindre que rarement, avec peine, et jamais de lui-même. C'est une erreur évidente. Entre un enfant et un chien qui associent l'idée de *sucre* ou de *viande* aux mots qui expriment ces choses, je ne vois aucune différence au point de vue mental ; mais il y a une différence physiologique, au profit de l'enfant, c'est que ses organes lui permettent d'imiter ces sons expressifs pour l'animal comme pour l'homme. Quant au progrès du jugement et de la comparaison, que le discernement de l'articulation suppose, Tiedemann les note avec raison comme condition du langage parlé ; mais ces facultés ne sont pas moins nécessaires pour l'intelligence du langage entendu, et c'est donc bien avant l'âge de huit mois qu'elles ont commencé à entrer en activité.

Le cinquième jour du huitième mois, Tiedemann constate que « les liaisons d'idées allaient s'accroissant, et qu'elles donnaient naissance à des sensations et à des désirs composés. » Il en donne pour preuve la colère de son fils en voyant un autre enfant placé en plaisantant sur le sein de la mère, et les efforts du petit jaloux pour l'en tirer. Des faits analogues peuvent se constater bien avant cette époque, même à l'âge de trois mois ou trois mois et demi (1).

1. Darwin déclare aussi qu'il est difficile de saisir dans les premiers temps une marque distincte du sentiment de la colère. Il croit cependant en avoir noté une vers l'âge de deux mois et demi : c'était un léger froncement de sourcil qui dura tout le temps que l'enfant but du lait un peu froid. Bien des fois, pour mon compte, j'ai cru apercevoir, dès la fin du premier mois, sinon auparavant, des signes d'impatience chez des enfants qui se refusent à tirer le lait de certaines nourrices. Mais lorsque l'enfant de Darwin eut près de quatre mois, et peut-être beaucoup plus tôt,

Neuvième mois. — « Toutes les fois qu'il se présentait à lui quelque chose de nouveau ou de singu-
lier, l'enfant le montrait du doigt pour le faire remarquer aux autres, et il se servait alors de cette
exclamation *ah ! ah !* » Tiedemann voit dans ces faits
des marques sensibles de la réflexion et de l'agran-
dissement de la faculté de distinguer, et il en tire
occasion de remarquer « combien est profondément
empreint dans la nature humaine le désir de se com-
muniquer aux autres. » C'est peu d'observations pour
une époque si importante.

Treizième mois. — Pendant trois mois, on n'a
encore observé rien de nouveau, ce qui est fort re-
grettable, car non-seulement les premiers progrès
du parler et du marcher, mais ceux de la faculté de
penser, de sentir, de vouloir, offrent à cette époque
ample matière à l'observation. Vers le milieu du
treizième mois, on constate des idées plus étendues,
des mouvements mieux combinés, une intelligence
plus grande de la langue. « L'enfant, voyant un verre
d'eau, se dirigeait vers lui, et même vers son berceau, quand il était fatigué. Il distinguait toujours
de mieux en mieux les objets servant à satisfaire ses

---

il devint évident, d'après la manière dont le sang lui montait au
visage, et lui faisait rougir jusqu'à la peau de la tête, qu'il se
mettait facilement dans une violente colère. » La colère, comme la
jalousie, se manifeste de très bonne heure chez l'enfant, mais il est
souvent difficile de dire si ces manifestations accusent des sentiments simples ou composés. Le plus sûr est d'y voir avant tout des
marques de sentiments simples et instinctifs.

besoins physiques, et faisait mieux usage de ses membres pour les satisfaire. Il répétait quelques sons saisissables, sans y joindre cependant d'idée exacte. Il savait déjà ce que signifiait *fais un salut, chasse la mouche,* « ce qu'il exécutait toujours fort exactement. » Comme on le voit, les observations de ce mois sont peu caractéristiques et peu abondantes (1).

Quatorzième mois. — Une seule observation. L'enfant n'avait encore aucune idée de la chute des corps d'en haut, ni de la différence de l'espace plein ou vide (fait mal observé, mal interprété, ou mal rapporté). Il voulait encore s'élancer de toutes hauteurs (ainsi font les jeunes animaux encore inhabiles à sauter ou à voler), et à diverses reprises il laissa tomber son biscuit à terre dans l'intention de le tremper (ce

1. M F. Pollock rapporte à cette époque des progrès de langage plus marqués. A l'âge de douze mois, *M-m* était souvent répété, comme indiquant le désir de quelque chose ; *ba-ba* un nombre indéfini de fois. — A treize mois, l'enfant employait *da-da* comme un vague démonstratif, qui ne tarda pas à devenir le propre nom du père. Il disait *wa-wa* pour exprimer les idées d'eau et de boire ; *wah-wah*, un peu guttural, en présence des figures d'animaux, par exemple, des chiens qu'il reconnaissait dans des tableaux ; fait curieux, dit M. Pollock, si on le rapproche de l'inaptitude que les adultes sauvages, ainsi que l'ont rapporté quelques voyageurs, montrent à rien comprendre aux plus simples représentations des objets. *Na-na* représentait le sens propre, et non générique de nourrice. Tous ces sons étaient fournis par les adultes, et appris d'après leur valeur réelle, de mieux en mieux imités. Tous ces sons étaient monosyllabiques ; le premier dissyllabe prononcé fut *ba-by*, ou plutôt *bé-bi*, prononcé d'ailleurs comme un monosyllabe redoublé. M. F. Pollock paraît accorder comme plus d'importance à l'imitation qu'à la spontanéité

qui indiquait peut-être autant de la maladresse qu'une appréciation inexacte, mais non absente, des distances).

Quinzième mois. — Encore une seule observation. « Quand il avait fait quelque chose de lui-même, donné un certain mouvement à ses jouets, il se réjouissait visiblement et trouvait du plaisir à réitérer. » Tiedemann voit là le plus haut degré d'activité et d'individualité de l'âme humaine ; on peut cependant voir l'équivalent de ces faits chez tous les jeunes animaux : ils se réjouissent, ils s'enorgueillissent en quelque sorte du développement de leurs forces et de leur adresse. La réflexion qui suit a plus de justesse. « Les enfants en général aiment à faire eux-mêmes ce qu'il leur a fallu jusque-là laisser faire par d'autres ; c'est pourquoi ils veulent prendre leur nourriture de leurs propres mains, et ne veulent pas se laisser manier par d'autres pour s'habiller, se laver, etc. »

Vers la même époque, apparurent les marques d'une sensibilité s'exerçant sur des sentiments plus complexes. « L'affection et l'amour-propre s'étaient peu à peu développés jusqu'au sentiment de l'honneur : le 10 novembre, il pleurait parce qu'on repoussait la main qu'il aimait à donner en signe d'affection, et il montra un chagrin visible quand on lui donna à comprendre qu'il avait fait quelque chose de mal. »

Seizième mois. — « Le 27 novembre, il prononçait quelques mots distinctement, en connaissait exacte-

ment la signification, notamment *papa* et *maman* (1);
il ne les employait pas cependant pour appeler les
personnes, mais presqu'au hasard, sans vouloir par
là dire quelque chose. » Seulement quelques sons
avaient une signification chez l'enfant, comme le son
ha ! ha !...; réellement, le son *ha !* semble naturel à
la réflexion, à l'étonnement ; il résulte de l'expul-
sion subite de l'haleine retenue auparavant, et celle-
ci l'est, parce que l'apparition inattendue du bizarre

1. A quatorze mois et trois semaines, l'enfant observé par
M. Taine comprend plusieurs mots, et en prononce quelques-uns,
en leur attribuant un sens : *papa, mamam, tété* (nourrice), *oua-oua*
(chien), *koko* (poule, coq), *dada* (cheval, voiture), *mia* (minet,
chat), *kaka, tem* (tiens sans doute). Ce vocabulaire initial offre à
M. Taine l'occasion de développements fort intéressants, qui tendent
à montrer chez l'enfant une rare aptitude à saisir les analogies et
à élargir le sens des noms que nous lui donnons à imiter. Entre le
quinzième et le dix-septième mois, l'enfant comprend le sens et
l'intonation de beaucoup de phrases, mais elle n'a appris ou inventé
que très peu de mots nouveaux. » Les principaux sont : *Pa* (Paul),
Babert (Gilbert), *bébé* (enfant), *bééé* (la chèvre), *cola* (chocolat),
oua-oua (chose bonne à manger), *ham* (manger, je veux manger).
De tous ces mots, l'extension s'est élargie ou restreinte au fur et à
mesure des progrès intellectuels de l'enfant ; mais primitivement,
et d'instinct, dit M. Taine, elle les a faits des termes généraux. Le
mot *ham* est attribué à l'invention de l'enfant ; « c'est le geste vocal
naturel de quelqu'un qui happe quelque chose ; il commence par
une aspirée gutturale voisine d'un aboiement et finit par l'occlusion
des lèvres exécutée comme si l'aliment était saisi et englouti ; un
homme ne ferait pas autrement si, parmi des sauvages, les mains
liées, et n'ayant pour s'exprimer que des organes vocaux, il voulait
dire qu'il a envie de manger. » L'explication est tout au moins
ingénieuse ; j'ajoute qu'elle a tout l'air scientifique, et qu'elle a
paru plausible à M. Darwin. Le *ham* de M. Taine a, chez lui, pour
correspondant le mot *mum* (nourrice, donnez-moi à manger), qu'il
est porté à attribuer à l'initiative de l'enfant.

2.

arrête le cours des idées qui prennent subitement une autre direction. » Cette explication physiologique peut avoir sa valeur : il est facile d'en vérifier l'exactitude. — L'enfant, dont les organes n'étaient pas suffisamment exercés, suppléait par les gestes à l'émission des mots longs ou composés. « On remarqua une désignation de ce genre qui témoignait de la composition des idées chez lui, et faisait reconnaître un commencement de force poétique individuelle. A cette question : *Combien es-tu grand ?* on lui avait appris à lever les mains en l'air ; on lui demanda à prononcer *grand-maman*, et, comme il lui était difficile de prononcer *grand*, il leva ses mains en ajoutant *maman*. » — Vers le milieu de ce mois, la vue était « très exercée dans la projective. Il aimait voir des images, savait dans les gravures distinguer quelques objets connus, malgré leur petitesse. »

Dix-sept mois. — La sympathie et l'amour-propre se développaient de plus en plus ; il témoigna une joie visible parce qu'on rit de ses jeux et qu'on le loua ; il chercha même pour faire rire à prendre diverses postures parce qu'il voulait déjà marcher seul. » Cette tendance à jouer et à plaisanter peut s'observer beaucoup plus tôt, comme l'a remarqué Darwin et comme je l'ai déjà indiqué moi-même. On peut aussi observer beaucoup plus tôt les progrès que Tiedemann rapporte à cette époque ; l'imitation des sons divers, l'émission de mots significatifs, comme *prends, prends*, l'indication avec le doigt d'un lieu connu, la faculté de reconnaître sa propre image dans une glace, et même ces efforts pour imiter des phrases qui aboutissent à « une quantité de sons incompréhensibles. »

A cette époque, son observation des objets nouveaux devenait de plus en plus attentive et analytique ; il comprenait une foule de petites phrases dont il ne se servait pas lui-même ; le désir de la louange et de l'assentiment des autres s'agrandissait.

Dix-huit mois. — Je m'étonne de ne voir constater qu'à cette époque l'agréable impression produite par la lumière, et en particulier par la vue de la lune ou celle des rayons du soleil tombant dans la chambre.

Dix-neuf mois. — Progrès sensible du langage ; divers objets nommés en les voyant ; mais les noms de plusieurs syllabes difficilement prononcés, les dernières syllabes ou les syllabes accentuées sont seules prononcées d'ordinaire. « Il ne pouvait pas bien prononcer les consonnes *z, sct, w, st, sp,* ni les diphthongues ; les plus faciles pour lui étaient *p, t, k* ». « L'individualité de plus en plus développée se manifestait aussi plus visiblement par le plaisir qu'il éprouvait à faire ce qui présentait quelque difficulté : se fourrer dans un coin étroit, prendre des positions périlleuses, porter des choses lourdes, etc. »

Quelque précieuses que soient ces indications et celles qui se rapportent aux mois précédents, et précisément à cause de cela, nous devons regretter de

les trouver en si petit nombre dans le mémoire de
Tiedemann.

Dix-neuf mois. — Rien.

Vingt mois. — « Il pouvait déjà prononcer des
mots de deux syllabes, connaissait presque toutes les
parties extérieures de son corps (ce qui arrive plus tôt
chez d'autres enfants) ; presque tout ce qui se trouvait dans la chambre lui était également connu de
nom. »

Vingt-et-un mois. — Rien.

Vingt-deux mois. — Il commençait à réunir plusieurs mots pour en former une phrase, composée
d'un verbe et d'un sujet ; mais il mettait toujours l'in-
finitif pour l'impératif et le nominatif, l'article était
entièrement omis (1) (n'oublions pas que l'allemand
est la langue dans laquelle avait à s'exercer le jeune
Tiedemann). Quoique honteux de s'être sali, et que,
la chose faite, il sût demander d'être nettoyé, il ne
savait ou ne pouvait encore commander assez à ses
organes pour éviter toujours la malpropreté. « La

---

1. M. Egger, pour l'âge de vingt-huit mois, et M. Pollock pour
celui de vingt-quatre mois, ont constaté le progrès qui consiste à
former une phrase de trois ou quatre mots. « *Pas ouvrir çà* »
signifie « la fenêtre est fermée » ; « *pas rideau çà* » signifie « la
fenêtre n'a pas de rideaux. » M. Egger qui aime un peu trop, selon
moi, à retrouver dans l'enfant les caractères du civilisé peu avancé,
rapproche ces grossières façons du parler enfantin du patois ellipti-
que des nègres, qui « n'empruntent guère à la langue de leurs
maîtres qu'un petit nombre de vocables, les plus nécessaires, et
qui les accouplent, selon le strict besoin, sans aucun souci de la
conjugaison et même de la syntaxe.

jalousie et la vanité se développaient de plus en plus ;
si l'on flattait sa petite sœur, il arrivait pour qu'on
le flattât aussi, il cherchait à lui prendre ce qu'on lui
donnait et même à la frapper en cachette. » Ces der-
niers traits sont parfaitement caractéristiques de cet
âge, et même de l'âge de trois ou quatre ans.

Vingt-trois mois. — Tiedemann cite un fait qui
ne lui indique pas autre chose qu'une mémoire déjà
très exercée, mais où l'on peut constater le développement primaire du sens moral, qui est chez l'enfant la généralisation de ce qu'il fait et de ce qui est
fait à lui-même.

« Le 20 juillet, il vint dans un endroit de la maison
où il avait été puni la semaine auparavant parce qu'il
l'avait sali, et sans autre provocation, il dit immédiatement que quiconque salirait la chambre recevrait
des coups. » Cette tendance à appliquer aux autres
la loi qu'on fait subir à l'enfant est encore confirmée
par un de mes propres souvenirs. On m'avait donné
à garder, pendant quelques minutes, un enfant de
trois ans dans la cuisine, pour l'empêcher de toucher
aux plats qui se trouvaient devant le feu. Je tenais
l'enfant sur mes genoux ; je voulus voir ce que con-
tenait l'un des plats, et j'enlevai l'assiette qui le cou-
vrait ; aussitôt l'enfant saute à terre, et d'un air de
commandant : « Ne touche pas çà, c'est pour le
souper. » On m'avait donné l'enfant à garder, et
c'était lui qui me gardait.

Vingt-quatre mois. — Les progrès signalés de la

faculté de mémoire et de celle d'association me paraissent peu importants : il s'agit des mots *canards* et *pommes de terre*, prononcés spontanément à la vue de ces deux sortes d'objets. L'observation suivante a plus de valeur, car elle montre comment « dans un petit cerveau plusieurs idées peuvent s'éveiller et se disposer en séries par sa propre force. L'enfant avait entendu raconter que l'orage avait tué une fille ; la mine du narrateur avait fait une impression profonde sur lui, de sorte qu'à l'occasion il essaya de le raconter par des mots entrecoupés et des mines, qui ne purent à la vérité être compris par personne autre que ceux qui avaient été présents au premier récit (1). »

À la fin de ce mois l'enfant paraît s'attacher peu à peu à sa sœur et à un petit chien, deux objets autrefois indifférents. Que la sœur ait excité d'abord sa jalousie, je le comprends ; mais qu'un enfant de cet

1. C'est là le germe de la mémoire dramatique. M. Egger en signale le premier exercice dans son fils âgé de vingt mois. Il « connaît et rappelle très bien de mémoire quelques personnes qu'il voit habituellement dans ses promenades au jardin du Luxembourg, une bonne, par exemple, et l'enfant qu'elle conduit. Un jour, il nous quitte en prononçant tant bien que mal les trois noms de Luxembourg, de la bonne, de l'enfant. Il va dans la pièce voisine, fait semblant de dire bonjour à ces deux personnages, revient raconter avec la même simplicité ce qu'il vient de faire. » C'est bien là, si l'on veut, le drame dans son germe élémentaire. Mais il n'est pas besoin, pour expliquer cette tendance, dont on trouve des équivalents dans les jeux des animaux, de remonter aux âges primitifs dont l'enfant, pour une raison ou pour une autre, reproduirait, selon M. Egger et aussi suivant M. Taine, les phases d'évolution principales.

âge, et même un enfant moins âgé, ne s'intéressent pas tout d'abord à un animal, c'est ce qui m'étonne.

De deux ans à deux ans et demi. — Il imagine une ruse pour être rapproché de la table et pouvoir porter la main sur les choses à manger : il prétend que ses évacuations le pressent, pour qu'on le place sur son siège élevé d'où il pourrait atteindre ce qui se trouvait sur la table. Tiedemann voit ici des marques de réflexion et de raisonnement, qui, dit-il bien à tort, ne se retrouvent pas chez les animaux. « L'enfant avait l'habitude d'appeler sa sœur *bête*, quand elle ne faisait pas ce qu'il désirait. Ainsi, dit Tiedemann, son amour-propre se manifestait déjà par la comparaison des autres avec lui. » N'est-il pas vraisemblable aussi que l'enfant n'avait pas une idée exacte de la signification de ce mot, et qu'il le répétait machinalement pour exprimer le mécontentement, imitant ce qu'on lui faisait à lui-même ?

« L'enfant ne voulait pas que sa sœur pût s'asseoir sur son siège ou mît un de ses vêtements ; il appelait cela ses affaires ». Quelque idée vague de propriété s'était donc développée en lui ». Mais, quoique l'enfant ne se laissât rien prendre de ses affaires à lui, il prenait volontiers celles de sa sœur.

Il s'admirait et voulait être admiré dans ses jeux, ses attitudes, ses habits neufs. Déjà, à l'époque où naquit sa sœur, se manifestèrent des signes de mécontentement ; il voulait la battre toutes les fois qu'elle était dans le giron de sa mère ou dans son lit à lui, parce qu'il lui était désagréable de se voir enlever quelque chose qu'il avait exclusivement possédé longtemps.» Cette observation pleine de justesse est applicable non-seulement à l'âge présent, mais surtout aux âges suivants. Un enfant de trois ans parlait toujours d'un frère qui devait lui venir bientôt, en disant qu'il l'aimerait beaucoup. Quand il fut né, et qu'il le vit absorber l'attention et les caresses de ses parents, il en devint extrêmement jaloux. Il dit à sa mère : « Maman, est-ce que le petit Loulou ne va pas bientôt mourir » (1)?

A cette même époque, Tiedemann signale un fait qu'on peut rapprocher d'une anecdote du même genre racontée par Darwin, et qui fournit une indication précieuse pour apprendre à lire dans l'âme d'un enfant. « On lui avait plusieurs fois défendu de rien toucher des choses mangeables que ce qui lui était expressément donné, sans pourtant l'effaroucher à cet égard. Il avait attrapé, sans être vu, un petit morceau de sucre ; il se glissa alors dans un coin où on ne pouvait l'apercevoir ; on ne savait ce que cela signifiait, on chercha et on le trouva

---

1. Remarquons que l'enfant, qui prononce le mot mourir, comme tant d'autres, n'a aucune idée de la mort. Je suppose donc que l'enfant qui parlait ainsi à propos de son jeune frère reproduisait simplement des formules entendues, en simple perroquet. Pour l'enfant de M. Taine, l'idée de la mort n'allait pas plus loin, dit-il, que celle de *tête cassée*, parce que sa poupée ayant eu la tête cassée, on lui avait dit qu'elle était morte.

mangeant du sucre. Les bêtes, quand elles ont été battues, se sauvent avec leur proie, seulement par association d'idées, parce qu'elles se rappellent le châtiment. Mais il n'en était pas de même ici, car on ne l'avait jamais chassé; c'était seulement la réflexion qu'il pourrait manger, si on ne le voyait pas, le sucre, qu'on reprendrait sitôt qu'on s'en apercevrait. »

L'enfant ayant pris un nuage pour l'arc-en-ciel, on répondit que ce n'était pas l'arc-en-ciel, et il répliqua : « L'arc-en-ciel dort maintenant. » On lui tenait une montre près de l'oreille, et, dès qu'il eut entendu le tic-tac, il s'écria que le Fripon (un petit chien) y était renfermé. Ce ne sont là que des imitations d'exemples donnés à l'enfant, ou ce qui lui appartient ici en propre est surtout fondé sur des jugements et des analogies superficiels.

L'enfant, ne voyant plus le soleil au ciel, dit : « Il est allé au lit, demain il se lèvera, boira du thé, et mangera une tartine de beurre. » Tous ces jugements, dit Tiedemann, naissaient de ses propres réflexions : mais n'étaient-ils pas le libre développement d'un jugement qu'on lui avait appris : « que le soleil se couche? » L'anthropomorphisme enfantin est, je le crois, pour une bonne partie, l'œuvre de l'éducation et le résultat de notre langage métaphorique.

A deux ans et demi, le sens moral de l'enfant est déjà assez développé. « L'enfant prenait en considération la louange et le blâme des autres hommes sans distinction. Lorsqu'il croyait avoir fait quelque chose de bien, il s'écriait : « Le monde dira : c'est un bon petit garçon. » Lorsqu'il était méchant, si on lui disait : « Le voisin le voit », il cessait aussitôt. Regrettons que le judicieux observateur n'ait pas cru devoir recueillir un plus grand nombre d'observations touchant le développement du sens moral chez l'enfant, sujet aussi important que peu connu. Mais le meilleur observateur laisse toujours beaucoup à faire après lui, et les exemples de Tiedemann sont de ceux qui éveillent et soutiennent l'émulation.

MES DEUX CHATS

FRAGMENT DE PSYCHOLOGIE COMPARÉE

———

Mitis et Riquet, deux mâles conservés d'une portée
de cinq chats, sont nés d'une mère angora, gris-
ardoise, avec le cou, le poitrail et l'extrémité des
pattes blancs. Mitis, grosse tête, gros membres, poil
annonçant l'angora, a la robe de sa mère, le museau
et le dessous des yeux blancs ; les lèvres et le bout
du nez sont d'un rose vif. Riquet a la robe et la
queue noires, moirées de gris ; sa tête, plus étroite
que celle de son frère, est grise et zébrée de bandes
longitudinales et latérales noires ; deux raies blanchâtres vont de la naissance du nez vers les oreilles ;
partant du coin des yeux et remontant, pour se
rejoindre en une fine courbe, deux lignes blanches
entourent, au milieu du front, un îlot de poil gris
et noir.

A peine lavés par leur mère, ils cherchaient, en
criant, ses tétines. J'ai fait sur eux quelques observations le premier et le second jour. Mais comme je
craindrais de ne pas les rapporter de mémoire avec

une précision suffisante, je ne relate que les observations consignées par écrit à partir du troisième
jour.

12. — Ils sont en mouvement perpétuel : ils
s'agitent, même en tetant, même en dormant. Le
sommeil les surprend au milieu de l'action de teter,
et alors, suivant la position qu'ils occupent, ils
restent enfouis dans les poils soyeux du ventre de la
mère, ou retombent renversés, la gueule ouverte,
dans une attitude très gracieuse. Ces petits gloutons,
et surtout Riquet, dont l'organisation me paraît déli-
cate, ont fréquemment un hoquet qui rappelle celui
des jeunes enfants qui ont trop copieusement teté :
ivresse et indigestion de lait, qui marquent la faiblesse des organes autant que l'excès peu dangereux
des satisfactions données à l'appétit. Ils sont curieux
à chercher une tétine, tournant brusquement leur tête
de droite à gauche et de gauche à droite, ici donnant
du front, ici poussant du museau, furetant, fouillant,
dégringolant, rampant l'un sur l'autre ou l'un sous
l'autre, glissant entre les jambes de la chatte,
essayant de teter n'importe quelle partie de son
corps ; maladroits, titubants, agitant leurs pattes, de
haut en bas et de bas en haut, pour se cramponner
à la mère ou se repousser l'un l'autre ; enfin, semblables, pendant leurs repas, à des sangsues adhé-
rentes à un membre, dont toute l'activité se concentre
dans la succion, et qui, aussitôt gorgées, lâchent prise
et retombent inertes.

Lorsque leur sensibilité est désagréablement excitée, que leur mère appuie trop fort sur eux, qu'elle les laisse seuls, ou leur fait la toilette avec des coups de langue un peu vifs, ils font entendre des plaintes monotones, j'allais presque dire monosyllabiques ; ce ne sont pas encore des *mia*, encore moins des *miaou*, mais des *mi-i-i* tremblotants. Ils font encore entendre ces sons plaintifs, quand ils cherchent depuis longtemps le téton sans le trouver, ou qu'ils se gênent mutuellement dans cette laborieuse recherche ; de même, quand je les prends trop vivement du bout des doigts, ou que je les renverse sur le plat de ma main pour les examiner. Si je les mets sur ma main, dans le sens de la station naturelle, ils y sont pendant quelques secondes immobiles, comme heureux de la chaleur de la peau ; mais bientôt, ils réclament à grands cris leur *at home*, ce doux, large et chaud ventre maternel, qui est leur gîte, leur table à manger, le théâtre déjà connu et peut-être aimé de leur naissante activité.

13 mai. — Ce matin Mitis me paraissait malade. Il était languissant, ne criait pas quand je le prenais, ne cherchait pas à teter : son hoquet, accompagné de frissons dans tout le corps, m'inquiétait. Cela n'a duré qu'une heure : peut-être y a-t-il eu une indisposition passagère, ou une saturation si forte, ou un si grand besoin de sommeil, qu'il n'était plus qu'une masse à demi-inerte.

La tête de Riquet est plus belle qu'hier ; le blanc

s'est élargi, le gris s'éclaircit et s'étend, la tête et le cou ont un peu grossi ; mais il est loin d'avoir la forte prestance de Mitis.

Midi. — Les deux sangsues viennent de fonctionner pendant vingt minutes sans désemparer. Les voilà remplis de lait, et se plaquant n'importe où, l'un sur le ventre, l'autre sur les pattes de la chatte : à peine placés, ils dorment.

Deux heures. — Les deux nourrissons n'ont pas de place fixe pour teter : la première venue est la bonne.

Quand la mère les laisse un moment seuls, ils tournent, en gastéropodes rapides, l'un autour de l'autre, dessus, dessous, heureux de leur mutuel contact et de la chaleur qui en résulte. Si la mère est quelques instants sans revenir, ils finissent par se trouver en croix, l'un sur l'autre, et ils dorment ainsi. Si j'enlève celui de dessus, l'autre ne tarde pas à crier : la solitude ne leur est pas habituelle, et leur cause une impression de froid pénible. Les très jeunes animaux sont très facilement refroidis, et meurent parfois de froid par une température pas très basse. La petitesse de leur volume, leur peu d'activité respiratoire en sont les causes.

Riquet m'a paru très vif entre quatre et cinq heures. Il cherchait un téton qu'il ne trouvait pas, et, pendant plus de dix minutes, il a louvoyé, passant et repassant, non sans lui donner des coups de patte, sur le corps de son frère ; il était très inquiet et encore plus inquiétant.

Le nez de Riquet est d'un rose brun, dont la nuance tend au *mordoré*.

Ce soir (10 heures), j'ai montré à la chatte une soucoupe pleine de lait : elle quitte les petits pour venir boire ; elle va faire ensuite un tour à l'assiette de la patée ; son absence dure à peine cinq minutes. Les petits font leur manège habituel : Riquet a tourné trois fois de suite tout autour de son frère ; celui-ci, qui est plus mou, ou peut-être qui a un plus grand besoin de sommeil, s'est couché sur le flanc, et étendu tout de son long. Mais Riquet n'en est pas au moment du repos : il n'a pas encore trouvé ce qu'il cherche, c'est-à-dire le corps de sa mère. Il est encore en train de s'agiter, lorsque celle-ci arrive, se dresse, les deux pattes sur le rebord de la boîte, et retombe légèrement sur ses deux pieds, à côté d'eux, sans les effleurer. Aussitôt ils se redressent tous les deux, la tête haute et dodelinante ; ils savent qu'elle est là, le léger bruit qu'elle fait en entrant dans la boîte, et le mouvement qu'elle lui imprime, se sont associés dans leurs souvenirs à l'idée de sa présence.

Le premier soin de la chatte est de leur faire leur toilette, en les renversant de deux ou trois coups de langue, et opérant ensuite avec ce torchon naturel, qui en vaut bien un autre, quoique Rabelais ait oublié de le dire. Chacun y passe à son tour, criant bien un peu, à la fin de l'opération qui paraît ennuyer, mais ne criant pas bien fort. Quelques minutes après, le ronflement harmonieux de la mère m'indique que la famille est au repos : je vais y guêter. La mère couchée sur le flanc gauche, dessine une large courbe gracieuse ; moitié sur les pattes de derrière, moitié sur le ventre, Mitis sur Riquet, ils dorment ou ils tettent, peut-être font-ils l'un et l'autre en même temps.

14 *mai*. — Cela grandit à vue d'œil. Mitis a de plus en plus une grosse tête, un gros cou, un large dos : il est massif et lourd, mais son front est large et haut : il sera chat intelligent, c'est probable ; son menton léonin, large et bien développé, indique énergie ou bonté. Il montre plus de vivacité que les jours précédents : quand il rencontre son frère en quête d'un téton, ou quand ce brouillon lui dispute celui qu'il tient, il joue contre lui de la patte, avec de rapides mouvements qui rappellent ceux d'un chien qui nage. Sa mère vient de lui faire la toilette susdite, et sans doute y a mis plus de temps qu'il ne l'aurait voulu, il agite ses pattes de derrière, dont l'une vient toucher son oreille, et pousse deux ou trois *mé* d'impatience.

Ces quelques cris rares et peu accentués sont les seuls que Riquet, le vif et sémillant Riquet lui-même, fasse entendre, même quand je le prends dans ma main. J'ai vu d'autres chats, plus malheureux, se plaindre davantage : par exemple, un que j'avais laissé seul à la mère, et qui mourut à dix jours, au moment où il commençait à ouvrir les yeux ; dans sa douleur d'avoir perdu ses autres petits, la mère le portait de place en place, l'abandonnait même pendant des heures ; à mon avis, il est mort victime de mauvais soins et d'une alimentation défectueuse : ce pauvre petit poussait très souvent des plaintes très fortes. Je ne puis avoir le moindre doute sur les causes de sa mort, quand je vois la mère si heureuse avec les deux petits que je lui ai laissés, d'autant plus qu'elle n'a pas appelé ni cherché les trois que je lui ai noyés : cela proviendrait-il d'un défaut d'aptitude arithmétique ? Deux, pour elle, c'est plusieurs, aussi bien que cinq. Quoi qu'il en soit, elle est très heureuse, bien repue, bien assidue, et ses petits sont habitués au confort, à la vie facile, aux désirs satisfaits, aux digestions et aux sommeils tranquilles : je crois que s'ils ne savent guère se plaindre, c'est qu'ils n'ont pas eu de raison d'en prendre l'habitude.

Le pelage de Riquet se modifie sensiblement : le gris blanc domine sur sa face. Le noir velouté de son cou, de son dos, de ses flancs, s'argente de nuances blanchâtres, qui, du matin au soir, ont pris de l'extension.

Souvent, quand ils sont seuls, ou même quand la mère est avec eux, ils se trompent, et essaient de teter n'importe quelle partie de leur corps, comme l'enfant de cinq mois qui tette son doigt, ou même le bout de son pied.

15 *mai*. — J'ai pris pendant trois minutes Riquet

sur ma main. Je fumais un cigare ; le petit chat a
tendu le cou, levé le nez en l'air et flairé avec un
petit bruit persistant. Un moineau, dont la cage est
appendue au-dessus de nous, effrayé par ma cas-
quette, s'est mis à tournoyer et à battre les parois de
la cage avec ses ailes ; au premier bruit, Riquet est
pris d'un tressaillement subit, qui le fait s'aplatir
brusquement dans ma main. Ce sont là des mouvements réflexes, dont la production est associée dans
l'organisme à certaines impressions auditives : mais
il en a nécessairement une conscience plus ou moins
distincte, ou il ne tardera pas à l'avoir. Une observation qui n'a pas duré cinq minutes m'a donc révélé
qu'il est sensible aux odeurs fortes, et qu'il exécute
déjà les mouvements consécutifs du sentiment de la
peur.

La tête de Riquet tourne visiblement au gris
argenté ; les taches de son dos prennent aussi cette
nuance.

J'ai pris Mitis dans mes mains, je les étends et
les rapproche, et il s'y trouve allongé et collé. Il
n'a pas l'air d'être à son affaire, il ébauche quelques
pas, cherche avec sa tête incertaine, rencontre mon
paletot imprégné des senteurs de cigare ; il paraît
flairer mon habit, mais ni si bruyamment ni si
vivement que je l'avais vu faire par Riquet. Il dodeline
de la tête, tâtonne avec ses pattes, essaie de teter
mon paletot et mes mains ; il est évidemment dé-
paysé et ennuyé. Sa mère, du fond de sa boîte, me

le demande : cet appel lui fait tourner brusquement
la tête du côté d'où vient le son (que de mouvements
ou d'idées associées dans l'intelligence et l'organisme
d'un petit animal de quatre jours !) ; il se remet à
avancer, à rétrograder, à tourner à droite et à gauche, en titubant. Je le rends à sa mère.

J'ai cru remarquer ce soir, encore une fois, que
la lumière de ma lampe, rapprochée de la boîte,
produit une assez vive excitation sur les paupières
pourtant closes de mes deux chats : la lumière doit
traverser ces minces toiles et ébranler, quoique faiblement, leurs rétines. Je les vois s'agiter pendant
quelques secondes, élevant et branlant la tête, puis
baisser la tête, et la cacher dans les poils du ventre
maternel.

Le bruit des voitures, celui de ma voix, le piau-
lement du moineau, les mouvements imprimés par
ma main à la boîte, les font s'agiter de la même
façon. On peut rapprocher ces mouvements des mouvements sans doute inconscients, mais déterminés par
des causes externes, que l'on remarque chez le fœtus.

16 *mai*. — La queue de Mitis grossit à la base :
les poils de la tête et du cou poussent drus et
soyeux : il sera sans doute une bonne fraction d'angora.

Quand je les mets sur le plat de ma main, ils
aspirent fort et avec une certaine persistance : c'est

que leur odorat fonctionne assez complètement sans
doute, vu l'espèce, et en l'absence des perceptions
visuelles, et en raison de l'imparfait exercice de
leur tact.

Ce soir Mitis, dégagé de la contrainte où sa mère
le tient pour lui faire sa toilette, moitié plantigrade,
moitié gastéropode, s'est traîné lentement, mais
aussi vite qu'il le pouvait, le long des pattes de sa
mère, et s'est niché enfin dans la molle soie de son
ventre. Là, sa tête, branlant comme celle d'un
homme ivre, a heurté celle de Riquet en train de
teter. Immédiatement Mitis de lever une patte et de
la baisser en appuyant sur la tête de son frère.
Celui-ci tient bon, parce que son arrière-train est
très bien aplati sur le fond de la boîte et qu'il suce
un téton assez bas placé. Une nouvelle tentative
de Mitis échoue : il fait alors des mouvements de
tête précipités, cherchant sa coupe, et ne la trouvant
pas. Sa mère lui pose une patte sur le dos, et, son
centre de gravité étant mieux assuré, il arrive facilement au but désiré. Ici nous trouvons plusieurs
actes sans doute conscients en quelque degré, mais
relevant surtout de l'automatisme : le flair qui aide
à chercher le téton, l'instinct de le disputer à un
autre que l'on entend teter, les mouvements de ré-
pulsion intentionnelle, de lutte, de combattivité.
Quelle admirable machine à sensations, sentiments,

désirs, volitions, activité et conscience, est déjà l'animal qui vient de naître !

17 *mai*. — J'ai remarqué, ou cru remarquer, chez Mitis, le plus mou des deux frères, l'apparition du jeu : couché, par hasard, sur le dos, la bouche entr'ouverte, il tricote avec ses quatre pattes, d'un air satisfait, et comme cherchant à toucher quelqu'un ou quelque chose. — Il est huit heures du soir. La fenêtre est ouverte, le moineau piaille à tue-tête dans sa cage, nous parlons et rions auprès de la boîte. Tous ces bruits excitent-ils en quelque manière le sensorium de nos deux chats repus ? Le fait est qu'ils s'agitent depuis plus d'un quart d'heure : ils voyagent l'un sur l'autre, ils passent sur le ventre, sur les pattes, sur la tête de la mère. Cet exercice a duré vingt minutes. Mitis, plus lourd, plus tôt fatigué, a été le premier à reprendre le téton. Le retour de son frère au ventre maternel a été un voyage long et accidenté, il a été d'un coin à l'autre de la boîte ; il a fait presque entièrement le tour de sa mère, franchissant un étroit défilé formé par l'arrière-train de la chatte et la paroi de la boîte. Il retourne par le même chemin, il piétine le museau de sa mère, qui lui donne trois coups de langue sur la tête, ce qui peut-être le détermine à téter.

A neuf heures, je viens les voir avec de la lumière. C'est une agitation désordonnée. Je remarque, chez l'un et l'autre, qui se heurtent renversés, comme des velléités de mordre : leurs bouches restent ouvertes, deviennent prenantes, et non plus suçantes, quand elles rencontrent une partie de leurs corps, et cela, comme pour mordre ou jouer, mais machinalement. Il y a là un surcroît d'activité produit par un accroissement de forces et de surexcitation passagère.

18 mai. — Ils dorment couchés sur le côté, l'un en face de l'autre, pattes de devant demi-allongées contre pattes de derrière. Riquet a le sommeil fort agité : sa bouche rencontre une patte de son frère, qu'il se met à teter, toujours en dormant : est-ce machinal et inconscient ? N'y a-t-il pas rêve ? La succion s'arrête après quatre ou cinq efforts. Riquet continue à dormir, tranquille pendant quatre minutes ; mais le bruit d'une voiture qui passe dans la rue, et peut-être la trépidation qu'elle communique au plancher et au fond de la boîte, lui font secouer vivement les babines, le bas des pattes, et la queue.

La mère rentre dans la boîte, et ils poussent trois ou quatre *mi*, aussitôt dressés qu'éveillés, pour fêter ce retour toujours fort agréable pour eux.

La mère, en se couchant, pèse un peu sur le corps de Riquet : celui-ci, qui se retirait autrefois machinalement, et qui sait déjà par expérience les inconvénients de cette position, s'écarte brusquement, s'éloigne plus qu'il ne l'aurait fait autrefois, et se retrouve de la tête à l'arrière-train de la mère.

Mitis, cherchant un téton, entend, tout près de lui, le bruit de la succion opérée par son frère : il lui travaille la tête avec ses pattes antérieures ; il se porte de son côté, en agitant ses deux pattes de devant, et du poids de son corps le heurte et le fait tomber : il se trouve placé sur le téton que 'son frère avait d'abord effleuré, et le trouve aussi bon que celui qu'il tenait d'abord : il y reste.

18 *mai*. — Mitis cherchait à troubler son frère en train de teter. J'approche ma main pour faire une barrière entre les deux : il me repousse avec sa patte, s'aperçoit vite de la différence des deux corps qu'il repoussait, cesse de s'agiter, et cherche un autre téton. Il n'y a pas sans doute ici différence comparativement perçue, mais sensations différentes et produisant des actions musculaires différentes : voilà tout, à ce que je suppose. C'est là pourtant le germe de la comparaison effective.

19 *mai*. — Les deux yeux des deux chats vont s'ouvrir : les paupières paraissent légèrement fendillées, et sont recouvertes d'une chassie suintante. L'œil droit de Mitis présente, à la commissure externe, une petite ouverture ronde, d'où l'œil point, bleu pâle, large comme une tête d'épingle : une vague ouverture ronde, et beaucoup plus petite, qui ne laisse voir rien de l'œil, se montre aussi à la commissure interne de l'œil gauche. L'œil droit de Riquet s'entrouvre aussi légèrement : les rebords des paupières de l'œil gauche sont bouchés par une humeur jaunâtre.

Il m'a semblé que Mitis jouait dans sa boîte. Je l'ai renversé sur le dos, je lui ai chatouillé le ven-

tre et caressé la tête : il a agité ses pattes sans essayer de se relever ; c'était là évidemment une ébauche plus ou moins consciente de jeu. Sa mère vient
le lécher dans cette position, et il agite les quatre
pattes comme précédemment. Riquet montre la même
tendance au jeu, mais moins accusée.

21 *mai*. — L'œil gauche de Riquet commence à
s'ouvrir du côté du nez.

Je les ai pris l'un et l'autre sur ma main, où d'ailleurs, ils ne paraissaient pas trop se déplaire. J'ai
agité mes doigts devant leurs yeux partiellement
ouverts, et je n'ai à constater aucun mouvement
propre à me faire supposer une véritable distinction des objets.

Mitis, placé près de la tête de la mère, la mordille,
et joue avec ses pattes sur le muffle ; la mère ne
veut pas de ce jeu, elle lui pose une patte sur le cou,
et le tient en respect ; bientôt il échappe à la com-
pression, et s'en va chercher un téton.

Quelques teintes fauves nuancent sur le cou de
Riquet le gris zébré de noir : le voilà quadricolore.

21 *mai*. — Mitis est sur ma main. Je le baise
sur la tête, à trois reprises, avec un petit bruit de
lèvres ; il secoue deux fois la tête, mouvement qui
est familier à sa mère, lorsqu'on l'embrasse ou qu'on
lui passe les doigts sur la tête, et que cela lui déplaît,
ou qu'elle est occupée d'autre chose.

Ma main passant devant leurs têtes, à quatre centimètres à peu près, ils font un mouvement de tête,

et clignent les yeux; je ne suis pas sûr que cela
indique la vision, surtout la vision nette, quoique
leurs yeux soient plus ou moins ouverts depuis hier
au soir.

Ils ne ronronnent toujours pas.

22 *mai*. — J'approche de la boîte vers midi. Le
petit œil gauche de Riquet, dont j'aperçois le bleu
clair, a l'air de me voir. Mais cela doit être bien
indistinct ; j'agite ma main à dix centimètres de ses
yeux, et c'est le bruit et l'agitation de l'air produits
ainsi qui seuls lui font faire, quelques mouvements.

Mitis a les deux yeux presque entièrement ouverts ;
j'approche mon doigt de son nez, sans le toucher ;
je l'agite de gauche à droite, et de droite à gauche,
et il me semble que j'aperçois une vague tendance
à mouvoir les yeux, les yeux plus que la tête, dans
le sens de mes mouvements.

23 *mai*. — Le soir, 7 heures.

Leurs mouvements sont moins tremblotants, plus
rapides, plus sûrs, non-seulement parce que leurs
forces se sont accrues et exercées, mais peut-être
parce que l'intention dirigée par le regard commence
à s'en mêler.

Plus j'observe les jeunes animaux, plus il me semble que les circonstances extérieures de leur développement, l'alimentation, l'exercice plus ou moins
excité et contrôlé, l'aération, la lumière, les soins
hygiéniques et affectifs, l'élevage et le dressage, ne

sont peut-être que les facteurs secondaires de ce
développement. Les sensations actuelles ne me
paraissent, en général, qu'exciter à surgir certaines
virtualités plutôt que d'autres : l'être sensible, intelligent, actif, est un écheveau emmêlé de fils innom-
brables, dont les événements de la vie tireront les
uns, et pas les autres. C'est là ce qui précise le vrai
rôle, limite le pouvoir, mais encourage toutes les pré-
tentions de l'éducateur. Si tout n'est pas dans tout,
comme le voulait Jacotot, qui peut dire ce qui est,
et ce qui n'est pas, dans un jeune animal ou dans un
jeune enfant?

J'ai posé Mitis sur une chaufferette ; ce contact a
produit sur lui deux ou trois frémissements nerveux,
à peu près analogues à de petits frissons ; il a paru
content, et il s'est aplati sur le petit meuble, l'œil
à demi fermé, comme pour dormir. J'y place ensuite
Riquet : il produit les mêmes mouvements, mais
approche son museau du bois sur lequel il se
trouve ; il flaire ou palpe, je ne sais lequel des deux,
étend une patte mollement, et se couche aussi à plat,
le contact de ce corps chaud l'excitant au sommeil,
par l'effet d'associations habituelles entre cette sensation éprouvée sur le ventre de la mère et le besoin
instinctif de dormir.

Quand ils trottent dans la boîte, quelques-uns de
leurs mouvements paraissent dirigés par la vue.

Leurs oreilles s'allongent visiblement depuis deux
jours, ainsi que leurs queues.

Quand on marche dans la chambre, s'ils ne dorment ni ne tettent, ils s'agitent aussitôt.

La mère, que j'ai envoyée prendre l'air dans la cour, est absente depuis une demi-heure. Mitis dort; Riquet, la tête sur le cou de son frère, est réveillé par le bruit de mes pas, et d'autant plus facilement qu'il a peut-être faim, et que sa mère est absente depuis assez longtemps. Je lui passe le doigt sur la tête, et il prend un air souriant; je fais un petit bruit de lèvres pour exciter le moineau, et ce bruit plaît à Riquet, qui écoute avec sa même physionomie souriante.

Ils cherchent à grimper plus haut, ils se cognent moins le nez aux cloisons de la boîte, ils dirigent certainement leurs pattes vers certains points déterminés par la vision; leur nez, leurs yeux et leurs pattes travaillent de concert sur les tétons et sur les autres objets, qu'ils rencontrent sur leur chemin, plutôt qu'ils ne vont vers eux. Leur champ visuel ne doit pas s'étendre très loin : leur vision est de hasard, d'accident, plutôt que d'intention vraie. Ma main, pour exciter leur regard, ne doit pas s'agiter à plus de quinze centimètres de leurs yeux. Ma figure doit être très rapprochée d'eux, pour qu'ils paraissent la voir. Je ne suis pas sûr qu'ils en perçoivent tout l'ensemble; je crois plutôt que certains tons seulement leur en sont perceptibles, entre autres le nez, parce qu'il tranche par sa forme et est bien éclairé, et les yeux, parce qu'ils reflètent vivement la lumière.

24 mai. — Les orbites de leurs yeux me paraissent un peu plus élargies que ce matin (neuf heures du soir) peut-être parce que la lumière fait rétrécir leurs pupilles. J'ai placé une bougie sur une chaise, à côté de la boîte : la lumière les a visiblement gênés, mais elle les a excités à exercer leurs membres. Mitis, après s'être promené et démené dans un coin de la boîte, familiarisé avec les vives sensations de sa rétine, se dirige vers les points de la boîte les plus éclairés. Un faisceau de lumière tombe à plein sur la partie supérieure de la cloison qui me fait face : Mitis, et Riquet après lui, par imitation moins que par excitation personnelle, cherche à grimper vers cette plaque lumineuse sans y atteindre : elle n'en continue pas moins à produire sur lui un vif attrait. Je songeais involontairement aux plantes qui se hissent le long du mur pour arriver jusqu'à la lumière.

Mitis un peu gêné, mais beaucoup moins que tout d'abord, quand il regarde directement la lumière, se retire dans un coin, et, sans doute parce qu'il est fatigué par l'exercice qu'il vient de faire, se pose ou plutôt retombe à demi sur la queue de sa mère ; je le prends doucement, et je le mets devant le ventre maternel, à côté de Riquet, qui venait aussi de terminer ses jeux, et qui tetait. Là commence une rixe, les coups de pattes de devant allant avec précipitation comme des battoirs de blanchisseuse. Je m'interpose, plaçant la main entre les deux, ce qui met du calme dans leurs mouvements; ils me gratifient cependant de quelques coups de patte ridiculement imperceptibles. Mitis a pris aussitôt le téton en litige. Il a célébré sa victoire par le premier ron-ron qu'il ait produit, à ma connaissance.

Riquet s'agite avec une grande vivacité; il se trouve dans l'ombre, derrière le dos de sa mère, au ras de la paroi qui me fait face : j'approche mon doigt, il se redresse, et avance lentement son museau pour le toucher ou le flairer. Il connaît les personnes, mais plus par le contact, le flair, et l'ouïe, que par la vue, qui doit être bien imparfaite et qui est encore peu exercée. Je produis un léger bruit avec mes lèvres, l'animal frétille, mais n'élève pas les yeux vers mon visage, qu'il a vu de près, qu'il a regardé avec attention, mais qu'il doit mal connaître, et qu'il ne localise pas exactement par rapport à ma main et à mon corps.

Riquet se trouve placé près de la tête de la mère. Il tend une patte sur le cou de la mère, et lui regarde je ne sais quelle partie de la tête, en agitant doucement sa petite patte. Il y a là un développement intelligent de l'affectivité; il aime sa mère en sachant mieux qu'autrefois ce qu'il aime; ses perceptions visuelles et tactiles se coordonnent, amplifient la connaissance, et renforcent, précisent le sentiment.

Je tends mon doigt à Mitis, couché à la place où je l'avais trouvé en venant : il tend, en réponse, ou par curiosité, par excitation instinctive de mouvement, sa petite patte, qui se trouve bien sur mon doigt, et qui y reste collée.

25 *mai.* — Je les pose, l'un après l'autre, dans le creux de main. Mitis a crié pendant que je l'élevais hors de la boîte; ils ont eu l'un et l'autre l'air presque indifférent pendant les trois minutes qu'a duré cette position. Mais aussitôt que je les remettais dans la boîte, ils paraissaient tout joyeux d'y être rentrés, ou excités à jouer par le fait des sensations musculaires, visuelles, tactiles, thermiques, que je venais de leur procurer. La promenade et la station sur ma main, ont excité Mitis à un déploiement extraordinaire de ses forces; dans son besoin d'exercice, il essaie de grimper, avec un assez grand bruit d'ongles, le long de la paroi verticale de sa maison : le besoin de retrouver les vives sensations de lumière qu'il vient d'éprouver n'est-il pas aussi pour quelque chose dans cet essai nouveau ? Tout mouvement produit des sensations, et toute sensation des mouvements (1).

26 *mai.* — Ils jouent tous les deux avec leurs pattes, avec leurs museaux, mais souvent comme par hasard, sans intention bien caractérisée, et d'ailleurs avec des mouvements très incertains.

Je crois déjà reconnaître en eux deux caractères différents. S'il faut en croire les apparences actuelles, Mitis sera doux, patient, un peu mou, paresseux,

1. Voir M. Ribot. *Revue philosophique*, 1er octobre 1879.

prudent, bonasse; Riquet, vif, pétulant, irascible, joueur, audacieux. Le bruit et le contact paraissent l'exciter plus que son frère. Mais tous les deux sont très affectueux pour leur mère, ou, si l'on veut, très habitués au plaisir d'être avec elle, de la voir, de l'entendre, de la toucher, et pas seulement de la teter.

Je tiens Mitis devant le rebord de la boîte, il montre le désir d'aller retrouver sa mère, mais il ne sait comment s'y prendre : ses muscles n'ont pas pris l'habitude de répondre à cette excitation psycho-motrice particulière : il rampe jusqu'où finit ma main, avance une patte, puis l'autre, et ne rencontre que le vide ; il penche ensuite le cou en avant, et à deux ou trois reprises, paraît ébaucher les mouve-ments des pattes qui sont le début de l'action de sauter ; il voudrait et ne peut se précipiter en bas : l'intention instinctive est ici en avance sur les adap-tations ou les forces de l'appareil musculaire propre à l'exécuter. Il recule épouvanté, ou découragé, ennuyé, et il fait un cri d'appel au secours.

Riquet, mis dans la même situation, fait à peu près les mêmes mouvements, mais il peut davantage: il a saisi, peut-être le hasard aidant, le bord de la boîte, il s'y retient, se penche sans perdre prise, et serait descendu, c'est-à-dire tombé dans la boîte, si je l'avais laissé faire.

27 mai. — Ils me connaissent mieux de jour en jour. Quand je les ai pris dans mes mains, que je

leur ai passé le doigt sur la tête, sur le cou ou sur les babines, ce dont ils paraissent très heureux, ils rentrent tout excités dans leur boîte ; ils y marchent plus vite, se traînent çà et là, se mordillent et tricotent avec leurs pattes avec beaucoup plus d'entrain qu'auparavant. Le jeu est maintenant pour eux une affaire d'expérience, se compliquant tous les jours un peu plus ; l'accroissement de leurs forces et de leur adresse paraît leur être connu, et leur plaire comme tel. Riquet a griffé pour la première fois, avec les attitudes du jeu et la physionomie riante du plaisir, l'étoffe qui recouvre le fond de la boîte : il a d'abord étendu une patte en avant, puis les deux, griffes en dehors, et, comme le bruit produit en retirant les griffes lui plaisait, il l'a renouvelé deux fois, pas davantage. Il faudra encore deux ou trois expériences semblables pour graver l'idée de ce jeu dans sa petite tête.

Ils ont essayé, soit par hasard, soit avec une vague idée d'ascension, de se retenir ou de grimper, et cela à plusieurs reprises, aux parois de la boîte : si elles n'étaient pas glissantes, si elles étaient tapissées d'un linge, je crois qu'ils auraient assez de force pour s'élever jusqu'au bord.

Ils élèvent la tête et les pattes aussi haut qu'ils le peuvent, pour monter et pour voir davantage. Tout l'intérieur de la boîte leur paraît suffisamment connu : mais ils n'en font pas moins de continuelles expériences du tact, de la vue, de l'ouïe, du flair, même du goût, car il leur arrive assez souvent de lécher les planches de la boîte, et de chercher à sucer le linge du fond. Le cercle de leurs relations pourrait s'étendre encore avec plaisir et profit. Je les laisserai cependant habituellement dans la boîte, jusqu'à ce qu'ils en puissent sortir seuls : ils y font assez d'exercice, ils y ont assez d'air et de lumière, et je crois que la continuation de cette existence calme, heureuse et retirée, les habitue à la douceur. La mère les aime mieux dans la boîte, et je pense comme elle, sinon peut-être pour les mêmes raisons. Ils seront trop tôt indépendants, livrés à leurs caprices, exposés aux dangers de leurs marches aventureuses, et jamais trop habitués à la main qu'ils aiment et qui les *humanise* (1). Je veux qu'une fois libres dans leurs ébats, ils y soient si bien accoutumés qu'ils la reconnaissent de loin, et viennent de son côté au gré de ma volonté. Ma main est un instrument très précieux pour eux de préservation et d'éducation.

28 *mai*. — Quand, me tenant près de la boîte, je prends Mitis dans mes mains, il regarde la boîte, penche la tête, étend ses pattes, et montre une assez grande envie de descendre, mais sans faire aucun autre effort pour cela. Je le mets un peu plus bas, à quelques centimètres de sa mère, et il n'hésite plus à descendre, c'est-à-dire à se laisser glisser jusqu'à elle, mouvement qu'il n'exécute d'ailleurs compléte-

1. Les Latins avaient le mot heureux de *mansuetus* pour rendre cette idée.

ment que grâce aux facilités que je lui en donne.
Aurait-il une vague perception de la distance, du
vide et du plein, antérieure à l'expérience personnelle, ce que Tiedemann n'accorde pas même à son
enfant âgé de quatorze mois ? « Il n'avait encore
aucune idée de la chute des corps d'en haut, ni de
la différence de l'espace plein ou vide. Le 14 octobre
il voulait encore s'élancer de toutes hauteurs, et à
diverses reprises il laissa tomber son biscuit à terre
dans l'intention de le tremper. »

Ils essaient de grimper le long des parois de la
boîte. Mais l'idée qu'ils ont de la hauteur (idée peut-
être instinctive) n'est pas assez déterminée ; ils paraissent tout ahuris de ne pas atteindre le but du
premier coup. Du reste, je puis me tromper dans
mon observation : peut-être ne montent-ils de quatre
ou cinq centimètres que machinalement, parce
qu'en marchant horizontalement ils ont trouvé sous
leurs pattes la surface de la cloison, continuation naturelle de leur chemin. Peut-être n'ont-ils aucune
velléité d'aller au bord de la boîte.

28 mai. — Sur le dos de Riquet, les taches grises
sont presque aussi étendues maintenant que les
noires.

Les yeux de l'un et de l'autre sont de moins en
moins bleus; ils prennent une couleur indécise entre
le gris sale et le brun clair. Le regard est franc, sympathique, ouvert à toute apparition ; il a une direction volontaire, une expression peut-être consciente.

Riquet me regarde avec plaisir, assis sur son séant, les pattes de devant mollement dressées. J'approche mon doigt, il tend sa patte gauche. Je lui lisse le côté gauche de la tête, il appuie sur mon doigt la partie caressée, comme le ferait un grand chat, et il se frotte sur mon doigt à deux ou trois reprises. Ce sont là des mouvements inventés, je veux dire fournis tout d'un coup par les excitations des virtualités héréditaires, mais qui paraissent étonner le jeune animal autant que lui plaire ; c'est ainsi que les mouvements automatiques passent un moment sous le contrôle de la conscience, pour échapper à ses prises, affinés, simplifiés, adaptés, perfectionnés. La vie invente peu de mouvements nouveaux, mais il en est beaucoup sans doute qui ne demanderaient qu'à naître, si les influences du milieu le permettaient.

29 *mai*. — De plus en plus, ils exercent leurs muscles, perfectionnent leurs mouvements, acquièrent des forces et des adaptations nouvelles, jouent entre eux ou avec leur mère avec intention et plaisir ; de plus en plus, ils connaissent les gens ; ils approchent toujours le museau ou la patte quand on leur présente le doigt ; c'est comme passé chez eux à l'état réflexe. Ils me paraissent aussi localiser certaines sensations en quelque sorte artificielles. Je touche le bout de la patte gauche à Mitis, qui tetait depuis dix minutes : il interrompt sa succion et tourne aussitôt la tête du côté de sa patte ;

mais peut-être est-ce parce qu'il a vu ma main, et
que la sensation musculaire associée à cette sensation
visuelle a déterminé seule et presque automatique-
ment son mouvement. Cependant je varie l'expérience, je lui passe à deux ou trois reprises mon
doigt sur le cou, il élève la tête et le museau, et il
regarde derrière lui ; il paraissait donc comprendre
en quel endroit je l'avais touché. Quoi qu'il en soit,
je n'oserais pas affirmer chez lui la faculté de localiser le plaisir ou la douleur, à moins qu'il n'y ait
une sorte de localisation automatique des sensations,
résultat de certaines adaptations antérieures.

La mère fait la toilette de Mitis, qui n'a l'air ni
contrarié ni joyeux ; il pousse un son qui n'est ni le
cri de la douleur, ni le miaulement de la plainte, ni
celui de la colère ; s'il exprime une situation mentale
bien déterminée pour lui, je ne devine pas laquelle.
C'est un bruit trémolisé, dont la traduction est à
peu près : *mrrrimr....*

2 juin. — Les oreilles de Riquet grandissent plus
que celles de Mitis. Le poil de ce dernier ne pousse
plus, et sa queue n'est guère plus élargie que celle
de son frère. Il ne sera pas plus angora que lui,
malgré le long poil soyeux qui lui foisonnait aux
premiers jours sur la tête, sous le ventre et aux
cuisses.

Riquet est plus patient, et Mitis plus vif qu'il y a
quelques jours. Il serait bien téméraire de vouloir
fonder sur l'observation des premiers temps des

inductions précises pour l'avenir : l'hypothèse elle-
même doit se tenir dans la plus scrupuleuse réserve,
surtout quant aux prévisions concernant l'intelligence
et le caractère. Un chat, qui paraît très intelligent à
un mois ou deux mois, n'a souvent à un ou deux
ans qu'une intelligence médiocre, et la réciproque
est vraie aussi. Quant à la couleur et à la nature du
poil, il faut que le chat ait dépassé les six premières
semaines, pour qu'on puisse se prononcer avec quelque
certitude sur les vrais tons, sur le plus ou moins de
souplesse, d'abondance, de brillant, d'onduleux, de
la robe. Pour ce qui est des oreilles, je me suis
bien des fois trompé dans mes prévisions : des pavil-
lons à peine perceptibles à la naissance et pendant
les huit ou dix premiers jours, s'allongent par la
suite démesurément. Quant aux pattes et à la queue,
la longueur d'un demi-décimètre au moment de la
naissance indique certainement pour plus tard une
longueur appréciable. On peut aussi constater, dès
le premier jour, en tenant dans sa main ces petites
pelotes de velours qui sont les chats nouveau-nés, la
fermeté future des muscles et des os qui s'annoncent
déjà par une résistance relative. La forte voix, qui
est peut-être l'apanage des petits mâles, indique tout
au moins de bons poumons.

Les oreilles de Mitis, qui est très doux, sont plus
aplaties que celles de son frère. Celui-ci les a un peu
plus redressées, comme les renards et les loups. Le
petit pavillon complémentaire placé aux deux rebords

4.

de l'oreille, un peu vers le bas, et qui est marqué dans l'homme par une légère excroissance rudimentaire, commence à se dessiner chez mes deux chats.

Ils jouent déjà fort bien, se donnent des coups de patte à plat, se font tomber, se lèchent, se roulent l'un sur l'autre. Riquet, qui a peine à se tenir droit sur ses jambes, a essayé de faire un saut. Ils cherchent en jouant à se mordre, et surtout les pattes. Il leur arrive souvent de se tromper, de prendre avec leurs crocs leurs propres pattes, et de se mordiller eux-mêmes, mais pas longtemps.

Je les mets par terre. Ils tremblent, paraissent effrayés, ou plutôt étonnés, ou indécis, et font quelques mouvements incertains. L'un d'eux aperçoit sa mère, à un mètre à peu près d'eux, sous une chaise, qui les regarde. Il va droit à elle, mais très lentement et en titubant ; tout à coup il s'arrête : il a entendu la voix de son frère, que ma main avait touché pour le tirer de son immobilité persistante ; il tourne la tête de notre côté, il me distingue, se retourne, et arrive à moi avec beaucoup plus de rapidité et d'assurance qu'il n'en montrait en allant vers sa mère : c'est que le chemin vers moi était plus court, plus sûr, et l   tation à le faire plus grande, vu les proportions mieux saisies de mon corps. Je les remets dans la boîte, et ils recommencent à jouer avec entrain. Celui qui n'avait bougé que faiblement sur le parquet, marche **et même saute beaucoup mieux que ce matin.**

Cette sortie paraît l'avoir excité à faire un effort qu'il n'avait pas fait encore. Ainsi remarque-t-on des progrès quelquefois d'un jour à l'autre, chez les jeunes enfants.

Ils grimpent jusqu'à mi-boîte.

Au-dessus est clouée une planchette de quelques centimètres, qui forme un quart de couvercle à poste fixe. Mitis lui jette des regards d'envie ; il se décide, dresse autant qu'il le peut son corps, élève ses pattes appuyées contre la cloison, et qui ne sont qu'à cinq centimètres de la planchette : il a des velléités de s'élancer, il s'élance même, mais son lourd abdomen et ses jambes peu fermes l'ont trahi : il roule sur lui-même. Ainsi l'enfant mal affermi sur ses jambes, quittant l'appui de la chaise pour faire un pas, s'étend comme une masse molle.

4 juin. — Ils jouent de plus en plus avec le doigt, le mordillent, le lèchent. Leur regard paraît plus attentif à toute chose, plus sympathique à la mère et à nous.

Quand ils sont à jouer sous le ventre de la mère, c'est un mélange de pattes blanches, de nez roses, de petits yeux luisants, de queues voltigeantes. — Je les ai mis sur mon lit. Ils y marchent beaucoup mieux que dans leur boîte, et surtout que sur le parquet, étudient tout pendant quelques minutes, marchent, trottent, grimpent, redescendent, glissent, roulent. Riquet, arrivé au bord du lit, serait tombé, si je ne l'avais retenu. Son frère, plus avisé, se trouvant

dans la même situation, a penché sa tête, un moment, et, comme s'il se défiait d'un danger plus ou
moins entrevu, il s'est retourné et s'est précipité
du côté de la ruelle.

11 *juin*. — Ils sautillent, s'élancent pour bondir,
essaient de grimper en se retenant par les griffes sur
tous objets indistinctement. Ils regardent dans les
yeux comme pour y chercher l'expression de sentiments ou d'idées. Il peut y avoir en cela de l'étonnement et de la curiosité, et le plaisir d'impressions
toujours nouvelles que le mouvement des yeux ne
doit pas manquer de produire chez eux. Mais n'y
a-t-il pas aussi l'effet d'une prédisposition héréditaire
de l'organisation qui les porte à chercher dans les
yeux ce qu'ils expriment? Nous savons que l'animal
adulte, tout ainsi que l'homme, est doué de cette
tendance provenant de l'instinct plutôt que de l'expérience individuelle.

Ils sont allés, moitié par imitation, en voyant
faire leur mère et leur sœur, moitié par adaptation
propre de leur instinct, à certain endroit écarté où
l'on a placé un plat rempli de cendre, dont la destination n'a pas besoin d'être expliquée. Ce que
voyant, je les ai de temps en temps portés à ce plat.
L'odeur seule qui s'en exhalait les excitait à remplir
ces fonctions-là. Trois ou quatre expériences ont
suffi pour associer à l'idée de cette odeur celle du
plat, celle du lieu où il se trouve, et celle du besoin
à satisfaire. Je ne dis pas que cette propreté si vite

acquise ne puisse aussi vite se perdre, par l'effet de nouvelles associations remplaçant les premières. Toujours est-il que si l'on se prescrivait la règle de surveiller ainsi pendant les premières semaines la formation des habitudes chez les chats, et probablement chez les autres animaux et chez les enfants, on n'aurait pas besoin de recourir par la suite à un système de traitements barbares et souvent inutiles, pour les amener violemment à obtenir d'eux ce que la nature à peine dirigée produit toute seule.

Les volets sont fermés à cause de l'extrême chaleur : ce qui produit un demi-jour dans la chambre, et estompe tous les objets d'une vague pénombre. Riquet, sautillant à quelque distance de sa boîte, voit, à un mètre à peu près de distance, un tabouret, qui, avec ses quatre pieds et leur ombre, me produirait facilement l'illusion d'un animal mystérieux. Telle ne doit pas être l'imagination du petit chat, à moins que l'on ne suppose dans l'animal la confusion primitive de l'inanimé et de l'animé, c'est-à-dire l'animalisation de l'inanimé. Pour moi, qui tiens cette hypothèse pour erronée, il me semble que l'étonnement, et bientôt la frayeur qui se manifeste chez Riquet, et qui le cloue sur place, a plutôt pour principe une certaine tendance indéterminée à la frayeur en présence de toute impression subite et insolite. Cette apparition ne lui aurait fait aucun effet il y a quelques jours : mais aujourd'hui, elle est tellement en désaccord avec ses expériences déjà nombreuses,

qu'elle heurte et contredit toutes ses habitudes familières. C'est là, selon moi, la cause unique de sa
frayeur. Toujours est-il qu'il se relève sur ses pattes
flageolantes, sa queue se hérisse, son dos s'arc-boute,
et, sans reculer ni avancer, il se penche à droite et
puis à gauche, dans la même attitude. Je fais un mouvement : ce bruit détermine aussitôt le paroxysme de
la frayeur, qui s'exprime par un *fû* éraillé ; il se retourne, et s'enfuit aussi vite que ses jambes le lui
permettent, dans la première direction venue, et
c'est du côté du lit.

12 *juin*. — Ils sont attirés par le bruit que je fais
en froissant du papier, en grattant la tapisserie, en
tapotant contre un meuble ; mais les bruits métalli-
ques, fussent-ils doux, ne leur font pas le même effet :
les bruits d'objets heurtés, les bruits mats, les bruits
ou les sons de voix aigus les étonnent, leur font dres-
ser l'oreille, mais pas lever la patte. Mais ils aiment
tous les bruits qu'ils font, pourvu qu'ils ne soient
pas trop retentissants ou produits par le déplace-
ment ou la chute d'un objet de fort volume. Mon son
de voix le plus fort ne laisse pas que de les réjouir,
presque autant que la petite voix de jeu que je fais
avec eux ; ils sont réjouis aussi par des articulations
ou combinaisons d'articulations sans voyelles que je
leur fais entendre ; mais le sifflement ne leur plaît pas,
bien qu'ils n'en soient pas gênés comme leur mère,
qui vient me passer la tête sous le cou et sur la bouche, et me donner des petits coups de patte sur les

lèvres, à peine m'entend-elle siffler. Ce qui les réjouit particulièrement, ce sont les bruits secs que font leurs griffes sur le bois, le linge, le papier, la paille des chaises, les couvertures du lit.

Mitis a bu du lait ce matin pour la première fois. On lui a mis sous le nez le bout du doigt humecté de ce liquide, et il l'a léché à plusieurs reprises. L'odeur l'alléchant, il a trempé son museau dans une tasse de lait, mais sans savoir s'y prendre pour boire. Est survenue la mère qui a pris sa place, comme chose due à elle, ou plutôt interdite à son fils : elle cherche ordinairement à prendre aux petits tout ce qu'on leur donne au début, peut-être par égoïsme de nourrice, peut-être par précaution de mère qui ne croit pas ses petits suffisamment forts pour digérer autre chose que son lait. Comme elle lampe avec précipitation, elle laisse toujours tomber autour du vase une certaine quantité de lait. J'ai placé Mitis devant ces gouttelettes de lait, et, soit par hasard, soit parce que l'odeur l'y excitait, il s'est mis à les lécher, et il n'en a rien laissé. Un quart d'heure après, il a bu dans la tasse, très maladroitement, et très peu de chose, plongeant quelquefois le museau dans le lait jusqu'à éternuer.

Riquet, à qui l'on a fait les mêmes avances, a léché le bout du doigt, mais n'a pas touché au lait de la tasse. Moins fort que Mitis, serait-t-il moins précoce à cet égard ?

Lorsque j'entre dans la chambre, après une absence

même d'une demi-heure, la mère se dresse sur ses pattes, comme mue par un ressort, et avec elle ses deux satellites, le tout en un temps et un mouvement.

Ils continuent à nous aimer beaucoup, et à ne pas s'effaroucher des étrangers.

J'ai essayé de faire boire Riquet : je lui ai mis le museau dans le lait, il s'y est trempé lui-même la patte, qu'il a léchée, mais il a respecté la tasse. Il en a bien rapproché son museau, a effleuré de ses babines le petit vase, mais il est aussitôt reparti.

Le voilà sous la cheminée, flairant, puis grattant la cendre, qui lui rappelle son vase à déjections, comme ses mouvements l'indiquent. Si je tolérais une fois ou deux cette infraction à la règle, l'habitude de propreté si facilement contractée serait peut-être perdue sans retour. C'est pourquoi je me hâte de le porter à son plat.

A trois heures, on a fait auprès de Riquet la tentative qui ne m'avait pas réussi dans la matinée : on lui a barbouillé le museau de lait, il s'est pourléché, et il a mis le nez dans la tasse ; il a bu la valeur d'une bonne cuillerée.

Ce matin, plus vigoureux et plus adroits qu'hier, ils ont fait sur mon lit des courses et des bonds pendant plus d'une heure, tandis que leur mère et leur sœur aînée s'occupaient, passant au-dessus d'eux, mais sans avoir l'air de faire attention à eux, à s'arracher des touffes de poil, à s'écorcher et à s'étrangler, par manière de récréation. La mère pousse un cri indiquant que le jeu en était venu à la dernière excitation. Mitis, de peur, est tombé du haut du lit, en poussant un cri plaintif.

Un bizarre événement a failli me séparer de mes deux sujets. Une vieille blanchisseuse, dont la vue est faible et l'esprit aussi, les a serrés dans son paquet, où ils s'étaient mis à jouer pendant qu'elle comptait le linge. Je les croyais perdus, les ayant inutilement cherchés jusque dans mes bottines. On me les a rapportés sains et saufs, trois heures après. Voici ce qui s'était passé chez la blanchisseuse : En ouvrant le paquet, on en voit sortir un chat (Mitis), qui paraît tout étonné : on le met dans un panier, à côté d'une tasse de lait; l'autre, qui, dans son émotion, avait dû glisser sans être aperçu, n'a été trouvé qu'une heure après, au grand ébahissement de la blanchisseuse, blotti sous une armoire et montrant seulement le bout du nez. Il a refusé toute espèce de consolation, et n'a pas touché au lait, malgré l'exemple de Mitis, qui en a bu sans se faire prier.

A peine arrivés chez moi, ils ont tous les deux mangé du pain trempé dans du lait.

La mère était fort attristée de leur absence. Elle a rempli les appartements de ses appels déchirants, lorsque, après les avoir appelés de sa voix la plus caressante, et avoir fait mine de jouer pour les exciter à venir, elle a été convaincue de leur absence. Elle a demandé à sortir pour les chercher dans la cour.

Elle est revenue bientôt, et s'est remise à crier et à
chercher de la même façon. Elle s'est approchée de
moi, est montée sur mes genoux, m'a regardé fixe-
ment dans les yeux, et s'est couchée en rond sur le
lit, à la place où ils dorment souvent avec elle. Ses
yeux faisaient plus qu'exprimer un profond déses-
poir; les paupières clignotaient, les yeux étaient
légèrement humectés, et sur les coins internes se
montrait comme une apparence de larmes. Les chats
pleurent.

J'ai déjà remarqué quelquefois, mais aujourd'hui
d'une manière très distincte, quand je les enlève d'un
endroit où ils se trouvent bien, un mouvement instinctif, peut-être intentionnel, pour peser, soit avec
le ventre, soit avec les pattes, afin de rester collés à
cet endroit : on remarque un mouvement analogue
chez le petit enfant, quand on veut l'arracher aux
bras d'une personne aimée, ou quand il appuie sur
la main pour ne pas marcher. J'aurais sans doute pu
noter le fait chez mes chats depuis longtemps.

Je tenais Mitis dans mes mains, et je l'ai approché
de la mère et de Riquet : il a fait un mouvement
brusque pour descendre jusqu'à eux, son instinct le
poussant à s'élancer, surtout depuis qu'il est plus
fort, mais son expérience ou même ses forces étant
insuffisantes pour qu'il approprie ses efforts à
la distance à franchir. C'est ainsi que tomber du
lit n'est souvent pour lui que mal sauter pour en
descendre. Il se peut aussi que l'exemple de sa mère

et de sa grande sœur, autant que l'accroissement de ses forces, lui suggèrent ces bonds en quelque sorte impulsifs, qui sont d'ailleurs dans les habitudes organiques de l'espèce. Le petit oiseau sans plumes tombe aussi de son nid, en voulant prendre un essor prématuré.

A Riquet tout est bon : soupe, viande, pommes de terre, pois, lard : il happe et dévore tout ce qu'il trouve, tout ce qu'on lui offre ; mais le glouton le saisit avec des crocs très aigus, dont il faut se défier. Mitis happe plus doucement.

18 *juin*. — Riquet joue avec moi sur le canapé. On apporte sur la table une sole. Cette odeur l'excite, l'intrigue, car il ne sait pas d'où elle provient ; il me parcourt dans tous les sens, va, revient, guidé par le flair, et bientôt est juché sur mon épaule gauche, qui est assez rapprochée de la table ; il pousse du côté de la table, et je penche mon épaule pour l'y laisser couler. Il se frotte le nez contre une cuiller, puis contre un verre ; l'assiette n'est qu'à un décimètre du verre ; mais ne sachant pas qu'une assiette contient des aliments, et que de là doit venir le fumet qui remplit tous les environs, il ne se dirige pas de son côté. Enfin le voilà devant l'assiette, il y met les quatre pieds, et se dispose immédiatement à manger la sole toute fumante. Je l'ôte aussitôt de là. Combien peu d'expériences il lui faudra (deux ou trois seulement, je l'ai constaté), pour adapter à l'actualité ces jugements et ces mouvements instinctivement liés

à certaines sensations ! Nous appelons cela raisonner
chez l'homme, et pourtant cela ressemble bien à un
mécanisme subjectif d'abord aveugle, et qui s'adapte
aux présentations objectives avec une promptitude
telle, que la conscience en paraît suivre et non précé-
der le fonctionnement.

Pendant mon déjeuner, ils ont grimpé le long de
mes jambes, et j'ai eu la faiblesse de les tolérer un
moment sur la table. Ils ont envahi mon assiette,
Mitis mordant à même dans le poisson, et Riquet
léchant et mordillant le bord de l'assiette ; l'odeur du
mets est si pénétrante, qu'il prend toute l'assiette
pour le mets lui-même : il n'a pas, d'ailleurs, idée du
contenant et du contenu. Il ne tarde pas à rencontrer
une bouchée de poisson que j'ai arrangée pour lui, il
s'aplatit dans l'assiette, et mange avec une courageuse
et lente précipitation, inclinant la tête, tantôt à gauche, tantôt à droite, fermant quelquefois les yeux de
plaisir, mais plus souvent les tenant ouverts et fixés
attentivement sur l'assiette : on dirait qu'il a peur de
perdre son morceau, et c'est là un effet de l'instinct
conservateur qu'il a reçu de ses ancêtres.

Mitis est entré dans une terrine ronde, et, par association d'impressions, essaie d'y satisfaire un besoin
qu'il n'éprouvait pas autrement. Mais l'écuelle étant
petite, et ses mouvements la faisant vaciller, il s'est
enfui, et a couru au plat, qui, à un mètre de là, lui
sert de water-closet.

20 *juin.* — Mitis saute de la table sur le parquet,

palpant d'abord sa mère avec le bout de sa patte, et passant au-dessus d'elle sans la toucher : est-ce un motif personnel ou un motif social qui le fait agir ainsi ? Evite-t-il de marcher sur un terrain peu ferme, ou cherche-t-il à ne pas faire de mal à sa mère ? C'est ainsi que le cheval, sur le point de fouler un corps vivant, retire vivement son pied.

Ils ont longtemps joué sur mon lit ; avant de m'endormir, je vais les porter dans leur chambre à coucher à la mère qui les attend avec une sorte de tristesse. Ils sont revenus dans ma chambre aussitôt que moi. Je m'assieds devant ma table, ils grimpent le long de mes jambes, et je me décide à les remettre sur mon lit. Vingt minutes après, je les réintègre une seconde fois dans leur domicile ; mais ils n'y restent pas deux minutes, ce qu'il m'a fallu de temps pour me coucher. Ils se cramponnent aux couvertures du lit, aux chaises, au guéridon, au mur, avec un bruit de griffes et des frôlements qui les excitent à continuer leur difficile ascension ; au bout de deux minutes, leur siège est fait, je suis saisi, piétiné, griffé, mordillé : je ne puis être maître chez moi, qu'en fermant la porte de ma chambre, à laquelle ils viennent cependant gratter, mais sans persistance.

Les voilà donc assez maîtres de leurs mouvements, se jetant pour descendre du lit à la chaise, de la chaise au parquet, grimpant pour monter le long des rideaux, et même le long de la tapisserie, et l'essayant le long des meubles et des objets polis. Encore quelques jours, et leur descente ressemblera moins à une chute, leur montée moins à une escalade : ils sauteront et bondiront, et seront de vraies personnes de chats.

TABLE

Avant-propos.   5

Thierri Tiedemann et la science de l'enfant . . . . . ,   7

Mes deux chats, fragment de psychologie comparée. . . 39

———

Imprimerie A. DERENNE, Mayenne. — Paris, boulevard Saint-Michel, 52

www.ingramcontent.com/pod-product-compliance
Lightning Source LLC
Chambersburg PA
CBHW070908280326
41934CB00008B/1639